零壹智库　智慧金融研究院
联合发布

金融大趋势

智慧金融实战指南

零壹财经 · 零壹智库 著

柏亮　顾鸣 主编

人民东方出版传媒
東方出版社

主　编：

柏　亮　顾　鸣

副主编：

申　鑫　陈　磊　姜　旭　于百程

编　委：

周子彦　徐夏楠　王春平　刘　畅　方琦璐　刘向南　赵慧利

项目组成员：

姜　旭　郭吉桐　杨　雅　赵　静　陈　成　罗茵茹　邢萌萌
罗　曼　王娇莉　陈　伟　陈　棱　王士毅　方　晨　朱振艳
郑　麒　李　昕　石晓然　吴　琼

序言　十年磨砺，智慧金融

我们撰写这本书，以呈现金融业的两种“智慧”：人工智能，当前金融创新中最重要的技术力量；经验值，十余年数字普惠金融实践。

十年技术迭变和经验质变，酝酿了下一个十年的金融大趋势：智慧金融。

金融业从来都是对新技术最敏感的行业，因为运营效率、决策能力和精准操作，决定金融机构的竞争力，乃至生死。而我们正处在技术大爆炸时代。

如今金融科技中的“科技”，主要有 ABCD（人工智能、区块链、云计算、大数据），以及物联网、生物科技（比如人脸识别、声纹识别）等。

人工智能又是其中的“王者”。零壹智库《全球金融科技专利报告》统计了过去十年的专利数据：截至 2018 年年底，WIPO 收录了超过 7500 万条专利申请数据，其中新技术专利（人工智能、区块链、云计算和大数据）申请数量累计达 96.53 万条。人工智能专利最多，共计 65.26 万条，占比达 67.61%；其次是云计算和大数据，分别为 18.87 万条和 10.19 万条。在直接跟金融相关的技术专利中，“人工智能 + 金融”同样占比最高。

人工智能和大数据是天然搭档。没有智能处理的大数据，大而无用，没有数据训练的人工智能，智而不能。但金融业务还需要更多。大数据和人工智能在技术市场都可以通过购买、合作得来。但直接把两者加在一起，还不足以形成改变金融业务的“智慧”。

“大数据”其实已经毁掉了不少金融机构，也毁掉了不少人的职业生涯。曾有一些机构，购买了“大数据”放贷，结果绝大部分有去无回；曾有一些机构，跟著名的数据渠道合作，结果只是带来了海量的羊毛党。甚至一些用自有数据做金融业务的机构，也发现数据并不如预期那么智能，最近听到业内人士讨论，一些老牌电商场景下的小微贷款，近期坏账率大幅上升。

智慧是从实践中来的，金融的智慧，是从金融实践中来的。用于金融业的大数据，无论它来自什么场景，都需要在金融业务中反复验证，不断创新和修正算法。

十多年前，互联网金融从中国金融业的“边缘”切入，迄今至少在两个方面具有突破性的建树：第一，使获得金融服务的人群数量急剧增加；第二，在此基础上积累了丰富的、经过金融业务测试或验证的数据。

这个发展过程也伴随着沉重的代价——以 P2P 大面积爆雷和超利贷、套路贷等为代表的民间金融风险。

新技术应用、新模式探索和高风险磨砺，数字普惠金融从中逐步成长起来，并成为中国金融体系中的毛细血管。

新技术、新模式和新的风险定价经验，也从“边缘地带”快速渗透到核心部位。比如，从 18 家全国性银行（5 大国有银行 + 邮储银行 +12 家股份制银行）2018 年全年的表现可以看出，提升金融科技能力、加速金融科技落地运用，已经成为它们的优先级战略。

信也科技是中国第一家线上 P2P 网贷平台。上线十年之后，基于大数据、人工智能等新技术和几百万个借贷用户、数千万笔交易经验值，信也科技成立了智慧金融研究院，把这些技术和经验值从 P2P 网贷中抽离出来，进行标准化和适应性开发与应用。这些技术和经验如今被广泛地应用于银行、信托的零售金融业务和消费金融公司。

为了撰写这本书，我们在智慧金融研究院的协助下，深入调研了信也科技的各个核心部门。我们还调研了数十家银行科技和零售部门、数十家金融科技公司（部分调研成果，见零壹财经网站《金融科技兵器谱访谈录》）。这些调研让我们了解、理解中国金融科技的第一线实况，奠定了本书的“硬核”。

智慧金融的大趋势，正是从这些调研和大量的数据、案例分析中总结出来的。这是金融界和科技界干出来的趋势。

这本书是对十余年数字普惠金融实践中技术进步和经验迭代的总结，

也是对发展趋势的预判。它可能还不够完美，但它是诚恳而实在的，希望对市场有启发，也希望它在市场中不断地磨砺、验证，不断地更新。

诚挚地感谢智慧金融研究院的精诚合作，诚挚地感谢每一位接受我们调研访谈的专业人士，诚挚地感谢每一位参与到本书工作的分析师、编辑和工作人员，感谢我们的出版顾问许剑秋老师和出版事务中的每一位合作伙伴，是你们成就了本书。

柏亮／零壹财经·零壹智库创始人

2019 年 11 月

目　录

CONTENTS

Part 5　风控篇

Part 1

理念篇

第一章　智能时代，智慧金融

第一节　智慧金融——Fintech3.0

智慧金融是金融科技（Fintech）的3.0阶段。Fintech一词由金融“Finance”与科技“Technology”结合而来，通常泛指技术发展驱动的金融创新。随着大数据、云计算、人工智能、区块链等技术逐渐与传统金融行业融合，借助科技力量驱动金融业务升级已成为行业共识，Fintech也成了金融行业最大的热点。Fintech的定义不是一成不变的，从Fintech一词诞生到现在，人们对其定义的转变大致经历了两个阶段。

在Fintech诞生之初，其更多地被定义为科技驱动下的业务模式创新，主要包括数字货币、移动支付、P2P、ICO、STO、智能投顾等业务模式创新。其中，移动支付、P2P是这一时期Fintech与金融业务融合的典型代表。在这一阶段，美国商务部将Fintech定义为“应用软件和科技来为客户提供金融服务的公司”。

随着Fintech的发展和应用范围的逐步延展，Fintech的定义逐步由业务模式创新转变为推动金融服务模式变革和效率提升的技术创新，Fintech更多的泛指包含物联网、大数据、云计算、区块链、人工智能等一系列推动金融行业变革的新技术。在美国白宫国家经济委员会2017年发布的Fintech框架中，便将Fintech定义为“影响金融活动的技术创新”。

科技赋能金融是一个漫长的过程，传统金融的升级迭代更不是一蹴而就的，从科技与金融相结合的深度以及对金融业务的变革程度来看，可以将金融科技的发展大致划分为三个阶段。

一、Fintech1.0——金融信息化

Fintech1.0可以称之为金融信息化阶段，主要指通过传统的IT技术对

金融机构的软硬件进行升级，实现金融行业管理、办公以及业务办理的电子化，以提高金融企业的经营效率。这一阶段的科技应用主要集中在金融机构的终端改造和中后台体系的搭建上，不涉及业务模式的转变，主要的应用形态包括 ATM、POS 机等硬件设施和清算系统、交易系统、员工管理系统等中后台体系的建设。

二、Fintech2.0——互联网金融

Fintech2.0 是互联网金融阶段，互联技术开始与金融行业深度结合。这一阶段传统金融机构、互联网公司通过搭建在线业务平台，依托移动互联网以及移动终端获取海量用户，打通金融业务中资产、交易、支付、资金四大端点的通道，以实现信息共享和业务创新。以互联网基金、P2P、互联网保险、移动支付等业务为代表的互联网金融阶段，本质是科技带来的金融渠道变革。

三、Fintech3.0——智慧金融

Fintech3.0 阶段是智慧金融阶段，通过大数据、云计算、人工智能、区块链等新兴技术的运用，在信息获取、资产定价、投资决策、风险控制等方面对金融业务进行全方位重塑，在改变金融行业业态的同时，大幅提

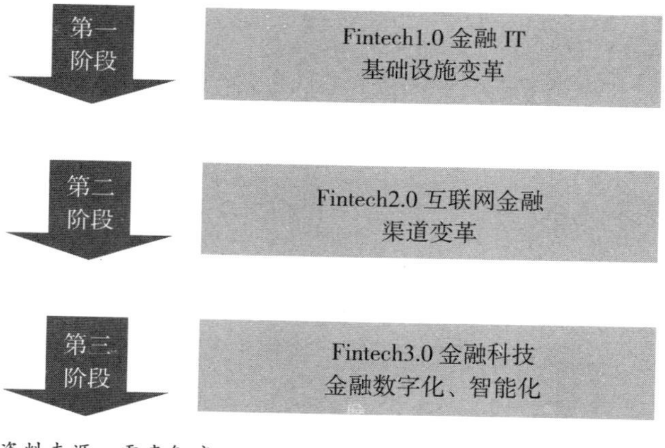

资料来源：零壹智库。

图 1–1 金融科技的发展阶段

升金融效率。智能风控、智能客服、智能投顾、智能营销等金融科技应用形态的产生，对传统金融机构的业务模式产生了颠覆式的影响，技术开始与金融深度结合，金融科技逐渐走向成熟。

在第三阶段中，科技为金融带来了颠覆式变化，其对现有金融业态进行重构、金融场景丰富度大幅提高。随着大数据、人工智能、云计算、互联技术等金融科技底层技术的高速发展和行业数据的快速积累，金融逐步实现数字化、智能化。

我国智慧金融实践最早是从个人及小微信贷等普惠金融业务开始的，使得金融服务开始向传统金融机构未能有效覆盖的长尾群体延展。中国金融业发展时间较短，在改革开放后，传统金融机构长期处于卖方市场，更倾向于向偿付能力较强的大型企业及高净值个人客户提供服务，鲜少提供惠及普通群众和小微企业的金融服务。征信资质普通或较差的企业和个人较多依靠民间融资等途径获取资金，资金成本高昂。同时，由于民间借贷机构风险控制能力缺乏，违约率居高不下，如遇宏观经济下行、流动性收紧等外部事件冲击，容易发生债务大规模违约等风险事件。

以信也科技为代表的金融科技企业是最早参与此类普惠金融业务的机构。随着互联网和科技在信贷领域的应用日渐成熟，为了争夺长尾客户以及提升经营效率，从 2017 年各大银行开始布局金融科技并进行智慧化转型，科技驱动金融业务升级已经成为整个金融行业的发展趋势。

信也科技首席风险官兼首席数据官、智慧金融研究院院长顾鸣认为：“智慧金融是指科技与金融的全面融合。随着人工智能、大数据、云计算、区块链等各项前沿技术逐步投入到交易场景之中，金融全流程的智慧化程度因此获得空前提升，包括金融产品、获客、服务、风控等环节也因此全面智慧化。”

在金融业转型升级的过程中，科技实力雄厚的金融机构具备降维打击的明显优势，在这场优胜劣汰的进化过程中，具备强大科技实力的机构能够最终获得市场的青睐，并逐步壮大起来。而随着科技对金融业务影响深度和广度的增加，智慧金融理念的影响也将逐步延伸至整个金融行业。

第二节　四个特征和三个趋势

智慧金融是云计算、人工智能、大数据、物联网等新技术与金融深度结合的产物，是新技术对于传统金融业的深度赋能。整体来看，智慧金融具有四大特征：智能、普惠、安全、高效。

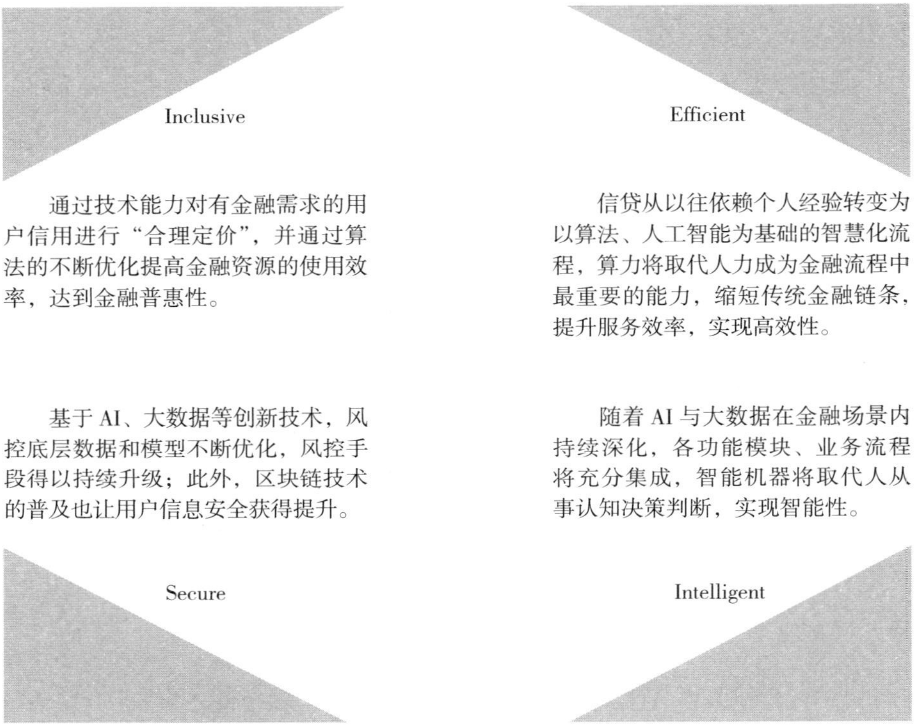

资料来源：零壹智库。

图 1-2　智慧金融的四大特征

与此同时，智慧金融的到来深刻地影响了传统金融机构的发展，金融业呈现出线上化、平台化、智慧化三大发展趋势。

一、线上化

传统金融机构的服务模式以线下物理网点为主，业务的办理需要满足时间和空间的双重耦合，客户难以随时随地获取金融服务。而随着信息技术的发展，电话银行、网上银行、手机银行等线上化渠道逐步普及，金融机构服务渠道开始呈现出线上转移的发展趋势，客户能够随时随地，通过各类型线上渠道获取金融机构提供的各类金融服务。

二、平台化

传统金融机构的服务载体往往是单一的，各业务条线之间单独开展业务，缺乏协同效应，智慧金融时代的来临，令服务载体发生深刻变革，平台化成为其主要趋势。平台化意味着，传统金融、新金融机构通过平台提供综合金融服务，平台上除了拥有各类型基金之外，还有 P2P、众筹、货币基金、小额信贷等产品，形成了为客户提供涵盖银、证、保等多类型服务的、一站式的服务平台，并逐步形成金融平台生态圈。

三、智慧化

作为数据密集型行业，金融业积累的海量数据，通过大数据、人工智能等前沿技术的赋能，将成为宝贵的数据资产，为金融业服务能力、营销能力、产品能力的提升提供强大的数据支撑。智慧金融时代下，对于金融机构而言，在产品设计上由被动提供转为客户画像分析后的主动设计，在营销上由千篇一律转为个性化营销，在决策上由经验导向转为数据驱动。相对的，用户在享受服务时感受到的则是智能化网点、智能化客服、智能化个性推荐、智能化售后服务等全新的服务体验。

第三节　三大关键要素

金融智慧化已是大势所趋，影响金融智慧化进程的要素很多，但最为关键的有三个：高端人才、政策引导、技术支持。

一、高端人才

高端人才是智慧金融的首要支撑要素，其中科技和金融型复合型人才是金融智慧化转型浪潮中最为稀缺的。金融机构智慧化转型的核心瓶颈就是高素质人才的短缺，人才的竞争无疑是金融企业面对创新和变革亟待解决的首要问题。

（一）金融机构的人才困境

受制于各种因素，当前符合要求的金融科技人才十分稀缺，以商业银行为代表的金融机构面临较严重的人才困境，主要表现在以下几个方面：

第一，受制于体制机制等因素，商业银行对金融科技人才的吸引力较低。与之形成鲜明对比的是，互联网公司吸引了大量金融科技人才加盟，尤其在大数据、人工智能等前沿领域，互联网公司是相关人才的首选雇主，商业银行则明显处于劣势。

第二，囿于内部部门壁垒等制约因素，商业银行业务与科技板块的交流相当有限，导致金融科技发展缓慢，无法满足金融科技合作融合、交叉创新的人才培养和发展需求，也对金融科技复合型人才的培养形成较大的制约作用。

第三，金融科技是一个新事物，前沿理论和实践多集中于高等院校、研究所、头部互联网或科技巨头，商业银行在这方面的资源相对较少，与外部资源建立战略合作关系可以更好地发展自身的金融科技业务。另外，商业银行内部大多采用讲座、短期培训等方式进行金融科技人才培养，仍未建立长期系统的人才培养体系。

第四，金融科技人才需求缺口的增大，岗位薪酬待遇也水涨船高，商业银行不少金融科技人才纷纷跳槽至发展空间更大、薪酬激励更好的互联网科技企业，使得本就缺乏金融科技人才的金融机构“雪上加霜”，人才困境进一步凸显。

（二）“金融 + 科技”复合型人才的标准

金融与科技的组合，催生了新的人才标准。智慧金融所需要的高端人才必须具备“金融 + 科技”知识储备，同时具有创新思维和风险意识。而这些人才是金融机构和金融科技公司都在争抢的人才，对于传统金融机构而言，如何提供更好的发展平台是招揽高端人才的关键。

以智能风控人才为例，智能风控对于从业人员有更高的要求。首先，新型的风控人员需要熟练掌握基本的技术开发和建模能力。由于智能风控的特点，对于 AI 技术的熟悉和运用是从事风控行业的基础，风控过程中会产生大量数据，因此作为风控从业人员，需要具备数据挖掘和实时的数据分析能力。其次，新型风控人员需要有较强的场景理解能力和对行业需求的洞察能力。风控的本质是为了降本增效，风控技术只是手段，最终还是要为具体的业务服务，所以需要风控人员在业务层面也要有深刻的了解和足够的经验沉淀，只有基于实操业务角度搭建的模型才有可能应用到具体的发展中。最后，创新能力也是对风控人员的重要要求，如何在合规的前提下对风控体系的构建进行创新和优化，这也是新型的风控人员需要思考的问题。

零壹智库根据金融机构及头部金融科技公司在国内主流招聘平台上的岗位需求，筛选出了 10 个需求较高的智能风控相关岗位和岗位职责。

表 1–1　智能风控岗位需求表

招聘岗位	岗位职责	工作年限	学历
算法工程师	1. 通过数据挖掘、机器学习、深度学习等技术，搭建模型。 2. 负责产品应用效果的数据分析，以效果为目标的算法策略设计和优化迭代。	3 年以上	硕士
机器学习	1. 负责机器学习、深度学习的算法研究和产品开发，给业务部门提供各种回归、分类、聚类模型的应用支持。 2. 跟踪上述领域技术在业务落地的全过程，包括数据流程、训练框架、效果评估、业务问题分析等。 3. 机器学习、深度学习最前沿技术的跟踪和开发。	3—5 年	硕士
语音识别工程师	1. 负责语音识别、说话人识别、语音合成的算法研究和产品开发。 2. 跟踪上述领域技术在业务落地的全过程，包括数据流程、训练框架、效果评估、业务问题分析等。	1—3 年	本科及以上

（续表）

招聘岗位	岗位职责	工作年限	学历
数据挖掘	1. 负责数据仓库和智能数据分析平台的建设，基于大数据平台，采集、加工和挖掘自然人相关的信息，构建用户数据服务平台。 2. 研究用户的行为数据，基于机器学习的方法，挖掘不同业务场景的数据，支撑业务决策。 3. 深入理解数据业务，分析用户需求，能够从用户角度推动业务开展，提升用户画像数据应用能力。	3—5 年	本科
数据分析师	1. 根据信贷，反欺诈等风控场景数据独立进行专题数据分析。 2. 根据原始数据源探索以工程化方法进行特征提取，有能力结合业务作出特征的评估。	3—5 年	本科
反欺诈策略经理	1. 参与反欺诈数据分析，能使用数据挖掘的方法为决策提供支持。 2. 识别监控流程中的漏洞并提出相应的调整方案。 3. 处理海量用户数据，挖掘用户行为特征，识别个体及团伙欺诈行为，为风险策略、政策流程提供参考依据。	1—3 年	本科
风控建模工程师	1. 深入理解业务需求，从个人征信数据、行为数据、互联网数据等出发，构建面向个人信贷的大数据金融信用风险预测模型。 2. 根据客户实际的业务需求，制定相应的解决方案，使得模型合理地应用于客户业务中的用户初筛、审批授信及贷后管理各领域。 3. 负责建立完善的建模分流程，包括模型的建立、监控、调优、实施工作。	3—5 年	本科
风险策略分析师	1. 能够依托数据对风险交易进行分析，提炼总结各类风险交易特征，预防风险行为发生。 2. 支持基于数据和模型的各类风险管理策略迭代，监测和分析风险策略执行效果。 3. 推动建立风险评估体系，监控预警体系，风控指标管理体系，完善风险管理制度。	3—5 年	本科
风控	1. 根据公司业务需求，针对业务数据完成各个维度的统计与分析。 2. 深度挖掘用户数据，建立用户画像，设计风险评估模型，控制借贷风险。	3—5 年	本科

（续表）

招聘岗位	岗位职责	工作年限	学历
数据建模	1. 从客户数据、用户数据、行为数据、互联网数据等出发，构建面向个人信贷的大数据金融信用风险预测模型、欺诈行为识别模型等。 2. 从业务角度，挖掘数据中的价值，从中提取和清洗出对模型有价值的字段、指标或其他有用的信息。 3. 通过模型在客户业务场景中的实际效果，进行模型迭代、修正、优化，提升模型表现。	3—5 年	本科

资料来源：公开资料，零壹智库。

可以看出，仅智能风控人才的岗位需求就有十来种。首先，算法、机器学习等底层框架类的岗位对学历和从业经验均有较高的要求，这类人才也是未来各家机构和企业争夺的重点；其次，数据应用层和风控建模、策略类的岗位对从业经验有比较高的要求，更青睐有实践经验的人才。而根据上述人才招聘标准，市场上的人才存量是有限的，高端人才之争在所难免。

（三）如何解决高端人才引入问题

金融机构若希望未来引入更多“金融 + 科技”复合型高端人才，需要加强的地方还有很多。

第一，建立新型组织架构。金融机构的智慧化进程是一个金融业务板块与科技板块加速融合的过程，对组织、治理结构提出了新的要求。金融机构可以通过设立金融科技创新委员会、科技总部与科技分中心、金融科技子公司等形式，建立起适应金融科技新形势的组织架构及治理体系，从而为引入高端金融科技人才奠定相对匹配的组织基础。当前，包含工商银行、建设银行、招商银行、光大银行在内的 9 家银行成立了科技子公司，为银行发力金融科技打下了良好的基础。

银行	科技子公司
兴业银行 INDUSTRIAL BANK CO.,LTD.	兴业数金
招商银行 CHINA MERCHANTS BANK	招银云创
Bank 中国光大银行 共享阳光·创新生活	光大科技
中国建设银行 China Construction Bank	建信金融科技
中国民生银行 CHINA MINSHENG BANK	民生科技
中国工商银行	工银科技
北京银行 BANK OF BEIJING	北银金融科技
平安银行 PING AN BANK	金融壹账通
中国银行 BANK OF CHINA	中银金融科技

图 1–3　银行系科技子公司

第二，优化人才招募与任用机制，增强对人才的吸引力。人力资源是发展的关键要素，金融机构可从校园招聘、社会招聘、猎头招聘等全面布局，吸引各类金融科技人才，以搭建更为长效健康的人才培养和发展体系。比如在顶尖人才的招聘及任用上，可为其提供快速晋升的职业通道等资源，进一步增强对高端人才的吸引力。

第三，打造学习型组织，为人才后续成长提供强大专业支持。比如在内部设计企业大学、智慧金融研究院、金融科技相关领域博士后流动站等，加强金融科技理论研究和转化实践。此外，还可与外部研究院、高等院校等展开战略合作，为人才培养提供来自内外部的支持。

第四，建立人性化管理机制。技术的研发是一个漫长的过程，传统机构以业务和结果为导向的考评机制难以有效地评价科研工作者的产出。金融机构在建立技术型人才管理机制时，应当充分向阿里、腾讯等科技企业学习，实行弹性工作制、岗位自主选择、管理扁平化等变革措施，并从单纯关注 KPI 考核到关注人才的价值产出，令员工更有参与感和成就感，从而增强员工团队的凝聚力。

二、政策引导

金融机构的智慧化转型兼具科技创新和金融业务创新的双重属性，金融业作为受到严格监管的行业，其业务创新离不开相关政策的引导和支持。一方面，相关监管政策的出台，有助于避免出现野蛮生长后的行业乱象，利于引导智慧金融生态的良性发展；另一方面，相关政策的扶持和激励，也有助于金融机构智慧化进程的加速推进。

以大数据、人工智能、云计算为例。近年来，国家对于大数据、人工智能和云计算产业的宏观政策体系逐步完善，宏观政策环境持续利好；同时，这三类技术在金融业发展应用的相关政策在日趋完善，如表 1–2 所示。

表 1–2　金融业应用云计算相关政策

时间	政策	具体内容
2014 年 9 月	《关于应用安全可控信息技术加强银行业网络安全和信息化建设的指导意见》	要求从 2015 年开始，各银行业金融机构对安全可控信息技术的应用以不低于 15% 的比例逐年增加，直至 2019 年达到不低于 75% 的总体占比。
2016 年 7 月	《中国银行业信息科技“十三五”发展规划监管指导意见（征求意见稿）》	首次对银行业云计算明确发布了监管意见，是中国金融云建设的里程碑事件；明确提出积极开展云计算架构规划，主动和稳步实施架构迁移，到“十三五”末期，面向互联网场景的重要信息系统全部迁移至云计算架构平台，其他系统迁移比例不低于 60%；支持金融行业云。除了金融私有云之外，提出“行业公共云”模型，支持建立符合法律法规要求、市场化运作、具备金融级安全等级的行业云平台运营机制。
2017 年 6 月	《中国金融业信息技术“十三五”发展规划》	要求落实推动新技术应用，促进金融创新发展，稳步推进系统架构和云计算技术应用研究。

（续表）

时间	政策	具体内容
2018年8月	《云计算技术金融应用规范安全技术要求》	规定了金融领域云计算技术应用的安全技术要求，涵盖基础硬件安全、资源抽象与控制安全、应用安全、数据安全、安全管理功能、安全技术管理要求、可选组件安全等内容。适用于金融领域的云服务提供者、云服务使用者、云服务合作者等。

资料来源：公开资料，零壹智库。

表 1–3 金融业应用大数据与人工智能相关政策

时间	政策	具体内容
2015年8月	《促进大数据发展行动纲要》	提出大数据在电子商务、公共服务和中小微企业公共服务中的作用。
2016年5月	《“互联网+”人工智能三年行动实施方案》	打造人工智能基础资源与创新平台，培育发展人工智能新兴产业，推进重点领域智能产品创新，提升终端产品智能化水平。
2016年7月	《中国银行业信息科技“十三五”发展规划监管指导意见（征求意见稿）》	提出构建绿色高效的数据中心，积极尝试开展人工智能、生物特征识别等技术的应用，打造智能化运维体系。
2016年8月	《“十三五”国家科技创新规划》	提出促进科技金融产品和服务创新，建设国家科技金融创新中心；完善科技和金融结合机制，提高直接融资比重，形成各类金融工具协同融合的科技金融生态。
2017年5月	成立互联网金融网络与信息安全专业委员会	推动协会网络与信息安全总体战略规划制定与实施，研究制定互联网金融网络与信息安全制度和标准，组织推动互联网金融网络与信息安全风险监测和治理，深入研究互联网金融网络与信息安全领域的重点难点问题，引导行业落实信息安全和个人信息保护要求。
2017年7月	《新一代人工智能发展规划》	明确要求要建立金融大数据系统，提升金融多媒体数据处理与理解能力，创新智能金融产品和服务，发展金融新业态。鼓励金融行业应用智能客服、智能监控等技术和设备，建立金融风险智能预警与防控系统。

资料来源：公开资料，零壹智库。

三、技术支持

金融机构的智慧化转型是一个庞大的系统性工程，每一个业务模块的建立都包含大量的技术研发、整合、调试工作。举例来说，以一套智能反洗钱系统为例，在体系架构上就分为底层支撑、数据中台、服务平台和应用场景四大模块，其中每一个模块又涉及若干子模块的建立，而这仅仅是智慧化转型工程中一个极为细小的部分。

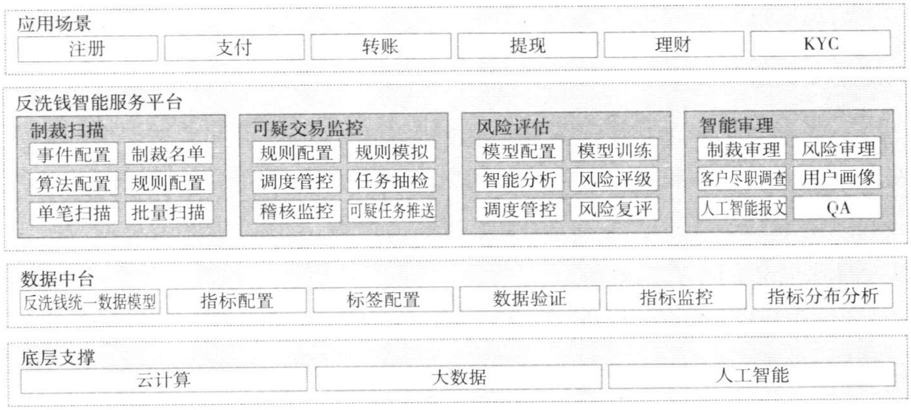

图 1-4　蚂蚁金服金融科技智能反洗钱系统

金融机构的智慧化转型是一个十分繁杂且漫长的过程，对金融机构的技术实力有着极为严苛的要求。然而，以部分农商行、城商行为代表的中小金融机构，存在转型诉求强烈但自身科技实力难以支撑智慧化转型的窘境，这就需要引入外部技术支持以弥补自身科技能力的短板。

第二章　金融业变局

第一节　市场变了，客户也变了

一、市场竞争加剧

以银行业为例。2012 年以来，银行业所处环境发生巨变。一方面，国内经济增速放缓、利率市场化不断推进、金融监管趋严，银行业面临增长困境，息差收窄、不良率攀升，以往高收益产出的对公业务增速放缓，同业及非标业务不断收缩，利润空间持续被压缩。2013 年后，我国商业银行净利润增速跌破 10%，并在 2015 年达到最低点，2015 年后虽有回升，但从总体来看依旧不容乐观。

与此同时，我国国民收入与财富稳步上升，居民消费水平提高，零售业务前景广阔，各大商业银行纷纷转战低风险、低波动的零售业务，布局零售银行转型，一时间，银行同业之间零售业务竞争进入白热化阶段。

图 2-1 显示了国内经济从高速增长期进入新常态时期，增速放缓，GDP 增长率逐年下降至低于 7%，商业银行利润空间持续被压缩，净利润增长速度跌破 10%。

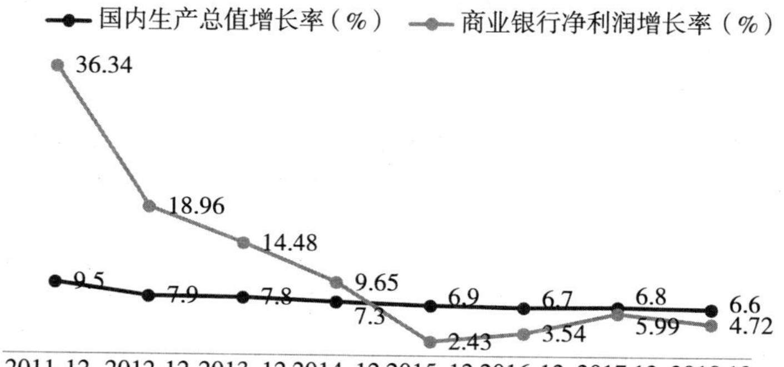

数据来源：Wind，国家统计局，零壹智库。

图 2-1　GDP 与商业银行净利润增长率

另一方面，金融脱媒、互联网金融与金融科技相继崛起，银行受到外部新兴竞争对手的冲击，从支付结算到消费信贷、财富管理，再到全场景综合金融服务，包括消费金融公司、互联网巨头在内的各类型企业，纷纷涉足金融服务领域，从各个方面挑战银行传统业务，抢夺银行客户。

互联网金融与银行的争夺战是从第三方支付开始的。近年来，第三方支付经历爆发式增长。中国人民银行统计数据显示，2018 年我国非银行支付机构网络支付业务笔数为 5306.1 亿笔，支付金额已经达到 208.07 万亿元，同比增长 85.05% 和 45.23%。此外，支付宝与财付通还占据着中国 90% 以上的移动支付市场。

表 2-1　2018 年支付体系电子支付业务规模

业务规模		增幅
银行业金融机构	1751.92 亿笔	14.82%
	2539.70 万亿元	4.98%
非银行支付机构	5306.1 亿笔	85.05%
	208.07 万亿元	45.23%

数据来源：中国人民银行，零壹智库。

此外，智能投顾、P2P、消费金融、互联网理财等互联网金融新业态层出不穷，发展迅速，用户规模也在不断扩大。而随着金融科技的发展，以 BATJ 为代表的互联网巨头们更是依托强大的科技能力，将金融融入全场景，利用自身丰富的 C 端线上运营经验，通过移动互联网高效触达客户，为用户提供全景式、一站式的金融服务。

在增长压力加剧、同异业竞争对手双面夹击的情况下，银行业经营压力陡增，传统银行业以物理网点为核心、以人为营销主体、以产品为营销中心的营销方式已经无法满足银行的获客需求，银行业的营销模式亟待变革。

二、客户需求改变

伴随着互联网高速发展成长的“90后”“00后”一代新生群体开始进入社会成为新生代白领，开始步入有较强消费能力及金融服务诉求的截断。根据国家统计局2017年进行的抽样调查（n=1145246），我国人口中具有较强消费能力和消费意愿的人群（20~59岁）占比约为61%，对互联网具有较强使用能力的人群（20~34岁，2017年状态）占该人群的比重接近40%，随着时间的推移，这一人群的占比将逐步提高。

新生一代伴随着互联网成长，对于新生事物的接收能力较高，更加追求个性化、多样化的消费体验。传统以销售为导向的服务方式已经不再适用，甚至会适得其反，使客户抵触。如何在提升客户体验的同时，在客户最需要的时候提供最契合的产品也成为银行正在努力的方向。

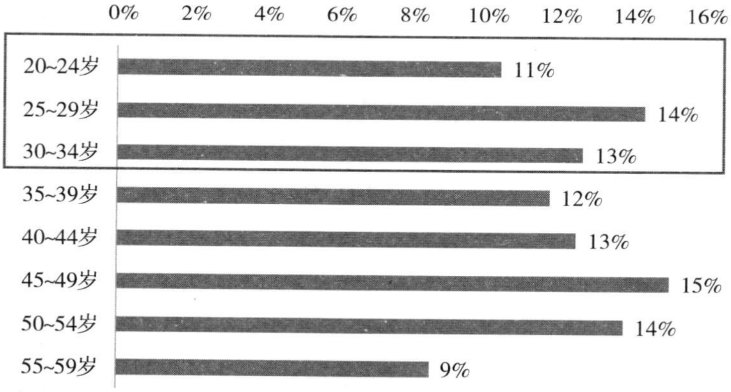

数据来源：国家统计局，零壹智库整理。

图2-2　我国20~59岁人群年龄分布（抽样调查，n=1145246）

三、线上渠道崛起

银行网点一直以来都是银行的前沿阵地，依靠网点的辐射作用，银行可以通过网点扩张来提高客户覆盖率，增加盈利，提高效益。因此，在过去较长的一段时间内，银行都在积极扩张网点。2015年，国有五大行网点总数达到峰值69509个，相较于2010年的网点数量，5年间一共增加了

3667 个网点，股份制银行网点则在高速扩张后，网点数量翻倍，以招行和平安为例，2015 年招行和平安的网点数量分别为 1709 个和 997 个，5 年间年均复合增长率分别为 15.71% 和 26.81%。而大部分城商行和农商行主要以区域性金融服务为主，网点扩张态势各异。

但近几年来，银行所处的外部环境以及市场竞争环境有所改变，移动互联技术的广泛应用下客户需求与习惯也不同以往，银行网点的客户黏性

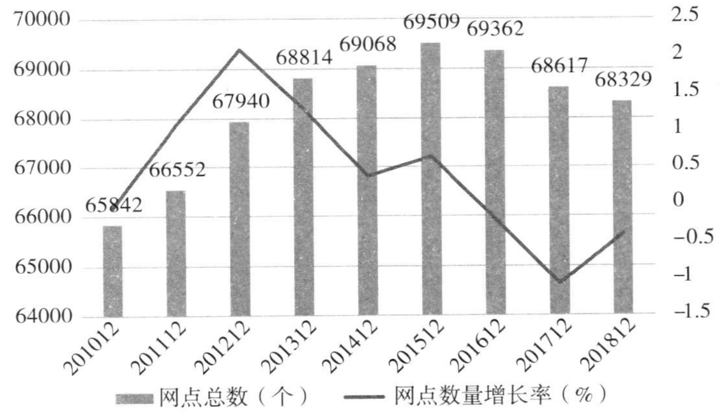

数据来源：Wind，零壹智库。

图 2-3　工农中建交五大行网点总数及其增长率

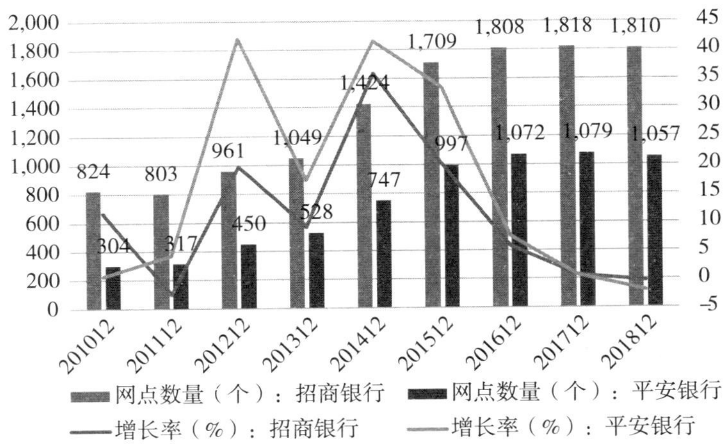

数据来源：Wind，零壹智库。

图 2-4　招商银行、平安银行网点数量及其增长率

大大降低，网点生存空间不断被数字渠道挤压，利润空间日益收窄，处于“内忧外患”的境地。传统网点似乎从价值资产变成经营负担，“去网点化”、发展数字化营销阵地成为一些银行的选择。2015 年后，各大商业银行网点增长趋势减缓，国有五大行网点总数逐年减少，股份制银行网点脱离高速增长，呈现负增长趋势。

与此同时，随着移动互联网的发展以及智能手机的普及，我国网民规模及手机网民规模迅速攀升，手机银行用户规模逐渐壮大。据 Wind 统计，我国网民规模从 2008 年年底的 2.98 亿人增长至 2018 年年底的 8.29 亿人，10 年间年均复合增长率为 10.77%。手机网民规模也由 2008 年年底的 1.18 亿人，增长至 2018 年年底的 8.17 亿人，10 年间年均复合增长率为 21.35%。手机银行用户规模从 2013 年的 1.17 亿人增长至 2017 年的 3.7 亿人，年均复合增长率为 33%。

移动化、线上化已成为当今金融服务市场的主要发展趋势，随之而来的是用户消费偏好及银行触达客户方式的深刻转变。在金融服务上，客户更加注重体验式的金融服务，越来越关注获取金融服务的便利性，如何精准发掘千人千面的个性化需求，如何高效响应客户无处不在的金融服务诉求成了横亘在传统金融机构面前的难题。

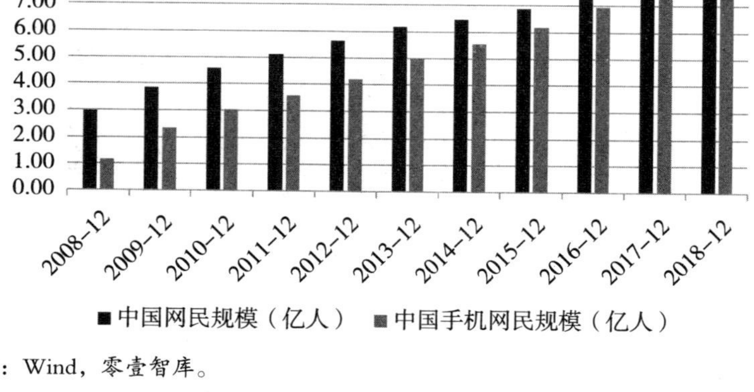

数据来源：Wind，零壹智库。

图 2-5　中国网民及手机网民规模

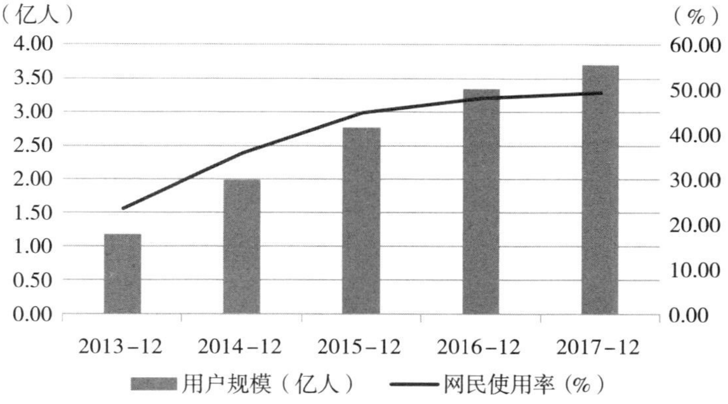

数据来源：Wind，零壹智库。

图 2-6　2013—2017 年手机银行用户规模及网民使用率

第二节　挑战，是全方位的

一、数字银行挑战银行零售业务

（一）新兴技术促进零售银行业务变化

传统零售银行业务主要指的是为个人、中小企业提供的金融服务，主要包括零售资产、负债业务以及零售中间业务，该类业务通常具备高频、分散的特点。同时，随着互联网金融、移动金融的崛起，零售银行业务的范畴在扩大，不仅包括上述传统业务，还包括网上银行、手机银行等多种业务，比如理财产品销售、财富管理、投资咨询等服务，服务的人群也呈现年轻化的趋势。

相较而言，新一代零售银行用户对互联网金融的熟悉度、接受度更高，接受金融服务的渠道更为多样化，消费理念也更为超前，更容易接受信用贷款、分期付款等金融服务。同时，他们更加注重服务的质量与体验，对个性化的金融服务的需求更为旺盛。针对用户需求的改变，银行零售业务的重心逐渐迁移至重视客户体验、服务融入场景、数据驱动决策。

（二）数字银行挑战传统零售银行的优势

数字银行以大数据、人工智能、移动互联网等前沿技术作为载体，将客户体验放在极其重要的位置。通过对海量客户数据的分析、挖掘，数据驱动决策贯穿获客、营销、风控等关键环节。与传统零售银行相比，数字银行主要有以下优势：

1. 移动金融

相较传统银行，数字银行是伴随着移动互联网、移动金融的崛起而发展起来的，通过包含移动APP、网络银行、线下网点、微信公众号等线上、线下多种渠道为客户提供服务是数字银行的显著优势，通过这一优势，数字银行客户可以随时随地获取金融服务，打破传统基于物理网点服务的时空双重耦合限制，实现线上、线下服务获取的一体化。由此，数字银行实现了对于客户需求的 7×24 小时无缝响应，引领金融业进入以客户为中心的新时代。

2. 大数据

大数据是数字银行开展业务的核心基础，数据也成了数字银行重要的战略资产。在数据驱动下，数字银行的营销、风控等业务均与大数据密不可分。在风控环节，大数据风控突破了央行征信数据的限制，从多维度数据出发全方位评估客户风险，实现了信贷审批的自动化，减少了人工干预的影响。在营销环节，大数据帮助数字银行分析客户各种数据，从而勾勒出更为精准的用户画像，进而实施个性化的精准营销。

3. 场景化

数字银行基于移动互联网，能够深入客户在衣食住行等各个行为中的应用场景，提供场景化的金融服务，包括理财、分期购物、小额支付、信用贷款、信用卡还款、出行交通等贯穿用户日常生活的各个环节，极大拉近了金融服务与客户之间的距离，用户可以随时随地享受金融服务，一个以金融服务为核心的数字化金融生态圈应运而生。

二、移动支付挑战传统信用卡业务

（一）移动支付应用现状与趋势

移动互联网的发展促进了支付方式的极大改变，而随着移动通信技术的发展和智能终端的广泛使用，移动支付已深度嵌入人们的生活场景中，应用也越来越多、越来越广。

移动支付是指通过移动设备，而不是现金、支票或信用卡，为商品或服务支付费用，向家人或朋友汇款。常见的移动支付方式有表 2–2 中的几种。

表 2–2 常见移动支付方式

支付方式	简述	特点	常见产品
NFC 支付	NFC（Near Field Communication）技术是一种高频无线通信技术，其允许两个设备，如手机和支付终端（包括支持 NFC 的 POS 收款机或自动售货机等设备）近距离地实现本地通信，即时完成支付行为。	不需要使用移动网络，但是支持 NFC 的终端设备普及率并不高。	Apple Pay、京东闪付、云闪付
扫码支付	QR 码支付是一种非接触式支付方式，通过扫描移动应用程序的 QR 码来执行支付。	商户不需要额外购买支付终端，收单快速便捷，主流支付方式。	支付宝、微信支付
指纹支付	指纹支付是指采用已成熟的指纹系统进行消费认证，通过指纹识别的方式完成消费支付。	支付更加便捷、省时，在支付环境不能确保隐私的情况下，指纹支付更加安全，但需要支付机构与不同的手机供应商合作。	Apple Pay Touch ID、支付宝、京东钱包
声波支付	声波支付即利用声波的传输，来完成两个设备的近场识别，从而完成支付交易。	目前只有部分和支付宝签订合作协议的商场可以使用声波支付功能。在国内的普及程度极低，便捷性也有待提高。	支付宝
刷脸支付	刷脸支付是指在消费的支付认证阶段通过人脸识别的方式取代传统的密码输入，人脸识别通过后即可完成支付行为。	在支付效率和支付安全上给用户带来了全新体验。目前对硬件要求比较高，还无法大规模应用。	支付宝 Smile to Pay

资料来源：公开资料，零壹智库。

凯捷（Capgemini）与巴黎银行（BNP Paribas）联合发布的《2018 年世界支付报告》显示，2016 —2021 年全球和新兴亚太地区的非现金交易额的年均复合增长率预计将分别达到 12.7% 和 28.8%。

2016 年，全球电子钱包的交易总额为 418 亿美元，占全球非现金交易总额（4826 亿美元）的 8.6%。其中，71% 是通过科技巨头的支付 APP 实现的。移动支付在加速其全球化进程。同时，移动支付正在逐渐侵占信用卡支付份额。

而中国是全球最大的电子商务市场，电子钱包支付方式占比远高于其他国家，其中，支付宝、财付通在电子钱包支付市场份额中占比最高。根据相关数据，信用卡在中国支付方式占比仅为 10%，Worldpay 预测未来 5 年信用卡在中国支付方式占比将持续下降，约降至 7.7%。

（二）移动支付挑战传统信用卡的优势

相较于传统信用卡，移动支付具有以下几点优势：

1. 普及率更高

传统信用卡并非人手一卡，普及率在中国一直不高，而移动支付基于智能手机这一载体，在中国几乎人手一部，渗透率极高，加上微信支付、支付宝两个巨头在国内极高认知度和品牌信用度，移动支付在中国快速崛起并成为人们重要的支付方式。

2. 应用场景更多

传统信用卡对于各应用场景的渗透，需要 POS 设备和收银人员的支持，因而信用卡的使用在生活中往往仅限于大型超市、百货商城、大型餐饮娱乐等有限的场所。相较而言，移动支付仅仅需要一部智能手机和一个二维码，以当今中国的智能手机普及率来看，几乎可以实现无成本部署。此外，由于二维码廉价和无人参与的特性，使得移动支付可以渗透进入共享单车、共享充电宝、无人售货机等领域，应用场景得到了极大的扩展。

3. 使用更便捷

传统信用卡的使用流程较为烦琐，比如在 PC 端必须输入信用卡号，在线下则需要涉及刷卡、输入密码、签名，严重影响了其使用体验，而移动支付通过二维码、NFC、人脸识别、指纹识别等技术的应用，省去了信用卡支付烦琐的业务流程，为客户提供了安全且高效便捷的服务。

三、智能投顾挑战传统理财业务

智能投顾又称机器人投顾（robo-advisor），通常泛指以现在投资理论为理论指导，结合投资者财富状况、风险偏好、投资期限等个性化信息，运用云计算、大数据、人工智能等技术搭建的算法模型，为投资者提供资产配置建议的投资顾问服务模式。

金融市场高速发展的当下，面对市场日益多元的金融投资产品，中小投资者在金融知识方面的局限越发凸显，传统投顾模式对于资产规模的要求将大部分投资者拒于门外。而智能投顾的出现，依托各类新技术与现代投资管理理论，为广大中小投资者提供了一种低价高效的解决方案，使得投顾服务群体实现了从中高净值人群向长尾客群的有效扩展。相较于传统投顾服务模式，智能投顾具备如下优势：

（一）管理费率低

传统投顾主要依靠人工服务的特点，决定了其较为高昂的服务成本，其收费按照资产管理规模计算普遍在1%~3%之间；而智能投顾依靠计算机庞大的处理能力，可以服务海量客服，成本低廉，普遍收费在0.5%以下，或仅收取交易渠道费用。

（二）投资门槛低

传统投顾服务模式多以私人顾问模式呈现，投资门槛较高且覆盖群体较少；而智能投顾依托互联网渠道服务客户，具备可批量复制的优质，边际成本随着服务客户数量的增加逐步降低，因此其投资门槛普遍较低甚至无门槛。

（三）高效便捷

智能投顾服务全流程互联网化，客户可以根据自己的诉求自主操作，避免了人为服务的时空局限性，可以实现对于客户需求的7×24小时响应。

（四）风险有效分散

传统投资顾问依赖人工服务，投资顾问水平良莠不齐，严重影响了投资者的投资收益水平；而智能投顾严格按照算法模型进行投资，在充分了解投资者诉求的基础上进行投资，资产配置充分分散，在满足投资者收益诉求的同时，实现了投资风险的有效分散。

（五）理性客观

传统投顾模式下，人性的贪婪和恐惧是制约投资顾问做出正确决策的最大障碍；而智能投顾所有决策均由智能算法自动给出，可以有效地将情绪对于投资决策的影响降到最低 。

四、大数据营销挑战传统获客方式

（一）金融机构获客正变革

对于金融机构来说，客户是开展各项金融服务的基础，在智慧金融带来的用户体验革命下，传统获客方式的不足日益显现，金融机构面临获客与活客的双重压力。于是，传统金融机构纷纷转变获客方式，利用大数据、人工智能等新技术赋能营销，寻求获客新突破。

1. 金融机构获客现状

在互联网金融的冲击下，用户面临更加多样化的选择，越来越“挑剔”，传统金融机构获客成本越来越高，难度越来越大，获客进入瓶颈期。

比如说商业银行，虽然五大国有银行客户基础雄厚，但受制于多种因素，五大行的客户活跃度并不高，尤其在零售贷款方面。比如工商银行，截至2018年上半年，该行个人客户数达5.87亿户，个人贷款客户仅仅为1272万户，渗透率仅为2.17%。而股份制银行方面，以2016年年末的数据为例，兴业银行、北京银行、中信银行个人客户数仅为3491万户、1664万户、6747万户，而互联网金融头部企业的用户数均上亿，商业银行与之相比差距较为明显。

2.客群在变革，获客方式亟须改变

智能金融的崛起，令金融机构在获客方面面临极大挑战。以往，资产实力较为薄弱的客群享受不到传统金融机构的高端服务，即便体验普通服务也不满于银行服务流程烦冗、耗时、寻找或亲临线下网点不便利，而随着移动支付、移动金融的快速发展，这部分客群与线下网点的交互次数越来越少，他们倾向于在 PC 端或移动端享受便捷的金融服务，包括支付、转账、缴水电费等，与金融机构交互的频率大幅下降，但他们又是未来金融消费与服务的主力军，也是金融机构必须抓住的客户群体。这一客群有以下几个特点：

（1）金融需求多样化。银行面对的这一年轻群体，对新鲜事物接受度高，喜欢尝试新型的服务和产品，在金融服务需求方面呈现明显的多样化特征，比如对各类消费场景的支付需求、购车的信贷需求、理财需求等。

（2）增长潜力大。年轻群体虽当前收入不高，但职业发展潜力大，随着后期职业发展收入有望得到较大提升，对相应金融服务的需求也将进一步增强，有望成为商业银行未来业务增长的主力军，加上这一群体较为集中、规模较大，商业银行可以较快地做大业务规模，提升业绩。

（3）注重消费体验。金融科技基于大数据、人工智能、云计算等前沿技术，为金融产品和服务带来了更多便捷与先进的体验，年轻群体喜欢尝试新鲜事物，乐于享受金融科技带来的炫酷、便捷体验，旺盛的需求也反过来进一步推动了金融与科技的融合创新，两者相辅相成。此外，年轻客群乐于互动、分享和表达意见，为金融科技的创新发展提供了许多反馈意见，这也成为金融科技快速发展的重要推动因素。

而传统金融机构的获客方式主要依靠线下网点以及人力驱动，这一传统模式显然已经乏力，无法满足正在变革的客群需求，于是，传统金融机构开始利用大数据营销，投其所好，实现精准获客。

（二）大数据营销高效获客、活客

大数据营销的兴起，使得传统金融机构得以为客户提供更为个性化的、精准的营销服务，更为高效地获客、活客。大数据营销也有其优于传统获客方式的独特优势。

1. 数据资源丰富

大数据营销最大的优势在于数据资源丰富。移动互联时代，用户有海量数据可供挖掘，通过采集、分析多样化的用户数据，可以更加全面准确地刻画、了解用户，这是大数据获客得以顺利开展的基石。

2. 场景式获客

大数据营销可以基于用户所在的场景，实时把金融服务嵌入场景，符合如今客群的金融产品使用习惯，可以提高客户转化率。比如，在线下场景中，商业银行加入了银联云闪付二维码标准，布局线下扫码支付场景；而在线上场景中，除了自身开发的APP场景外，商业银行还与金融科技巨头合作，以公开发行联名卡等形式布局线上场景获客。

3. 低成本精准获客

通过大数据技术，可以对个人客户进行标签化刻画与精准分层，形成对个人客户特征的多维描绘，从而实现个性化精准投放，提高获客成功率。同时，大数据营销不再单纯依赖人工，成本降低，效率提高。

五、智能风控挑战传统风控模式

（一）金融科技推动风控模式创新

金融行业涉及风险的管理，风控是金融业的核心，在金融市场新模式不断出现的同时，新型的金融欺诈手段也层出不穷，传统金融风控亟须升级和适应新金融时代的诸多挑战。如何推动风控模式创新，是传统金融机构面对的一大难题。

金融机构传统的风控体系以央行的征信记录为基础，以人工审核、专家规则、客户评级为主要手段，以定性分析为主，定量分析的比重较低。这种模式的弊端在于，用于分析的数据和维度有限，审核的效率也较低，同时，数据未能有效整合，数据共享机制没有建立起来，此外大量传统的非结构化数据很难转化为结构化数据。而以大数据、人工智能为代表的前沿科技为传统风控带来了更多的提升空间与可能性。

（二）智能风控挑战传统风控优势

相较于传统风控，智能风控的优势体现在以下几个方面：

1. 多维度数据填补传统风控模式缺口

传统风控使用的数据量较少，且维度较为单一，基本是金融相关数据，而智能风控不仅使用传统金融相关数据，而且利用大数据技术采集大量非金融数据，比如网络交易、社交、网页浏览等数据，这些数据在金融属性上有强有弱，但均可在大数据分析的层面上进入风险评估模型，从而帮助金融机构做出评分与信贷决策，使得那些因没有信贷数据、没有收入证明的人群享受到了信贷服务，推动普惠金融发展。

2. 数字化模型打破风控应用时空限制

传统风控在时间、空间上都有所受限。时间上，传统风控多集中“兵力”于贷前环节，贷中与贷后风险较难把控；空间上，传统风控多倚重线下网点和人工审核，这也导致了很多金融需求没法覆盖和满足。

而智能风控极大地消除了时空限制。在空间上，智能风控将大量的人工审核环节转移到了线上，依托大数据技术进行数据采集、分析、挖掘和风险定价，这也使得其覆盖的人群更为广泛，场景也更为多样化；在时间上，智能风控贯穿了贷前、贷中和贷后整个流程，采用了反欺诈系统、监控预警系统等多类系统进行风险管控，从而有效提升风控效率，降低风控成本。

总而言之，智能风控时空限制的打破既提高了金融服务的效率，也提升了用户体验。

3. 自动化决策规避人工审批局限性

传统的人工审批，主观性较强，较易受相关负责人的主观裁量因素影响，专家规则起到很大的作用，而智能风控是建立在大数据、人工智能、模型等信息技术与应用的基础之上的，更为客观中立，降低了人工审核的主观性，更为科学合理。

第三章　金融机构的重塑

第一节　在内部下重金搞科技

以银行为例。过去几年，各类型商业银行纷纷将金融科技和数字化转型提升到了企业战略的高度，各家上市银行2018年披露的年报纷纷提及“金融科技”一词。在多家上市银行中，被视作零售银行转型标杆的招商银行在年报中提及70次，在国有大型银行中，建设银行提及金融科技的频率最高，达到了47次，工商银行、农业银行、交通银行提及次数分别为10次、17次和21次，银行业对于金融科技的重视可见一斑。

表3–1　部分上市银行年报提及金融科技频次

银行名称	上市银行年报提及金融科技频次
工商银行	10
农业银行	17
中国银行	6
建设银行	47
交通银行	21
招商银行	70
平安银行	17
浦发银行	3
光大银行	8
民生银行	29
中信银行	18
青岛银行	18
宁波银行	19

数据来源：各上市银行年报，零壹智库。

从投入来看，招商银行 2018 年的科技投入超过 65 亿元，占营收的比例达 2.78%，建设银行、农业银行、中国银行等国有大型银行金融科技投入占营收比例也超过了 2%。值得注意的是，北京农商行、厦门农商行、成都农商行等农村商业银行也大比例投入金融科技，银行业大力度加码金融科技的趋势已经越发明显。

表 3-2　我国部分银行 2018 年金融科技投入占营收比例

银行	2018 年金融科技投入占营收比例
建设银行	2.17%
农业银行	2.21%
中国银行	2.11%
交通银行	1.97%
招商银行	2.78%
宁波银行	2.50%
北京农商行	2.64%
厦门农商行	2.89%
成都农商行	2.64%

数据来源：公开资料，零壹智库。

但是从国际上来看，截至 2018 年我国银行业金融科技的投入比例依然较低，以摩根大通为例，从 2015—2018 年，摩根大通投入超过 300 亿美元用于技术研发，仅 2018 年，摩根大通在技术方面的投入便超过 100 亿美元，占营收的比例超过 10%。而我国银行中科技投入较多的厦门农商行、招商银行的这一比重均不足 3%，相较国际顶级银行而言，投入比例仍有较大提升空间。另外，截至 2018 年，我国银行业净利润约为 1.8 万亿元，银行，特别是大型银行有足够的资金能力加码金融科技，推进数字化转型。

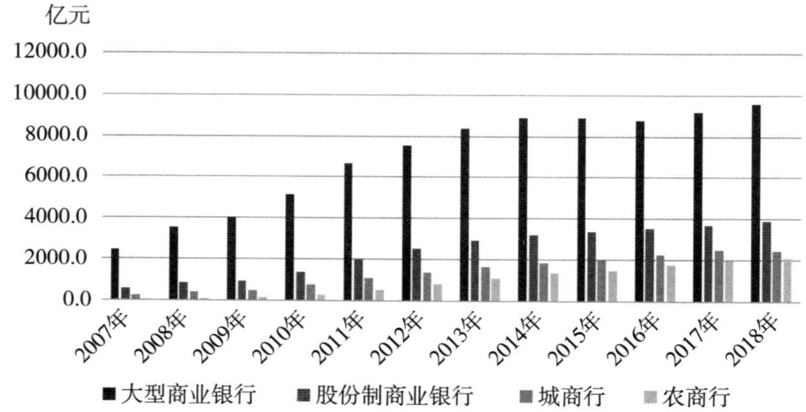

数据来源：公开资料，零壹智库。

图 3-1　我国分类型银行净利润

第二节　向外部打开门选技术

一、赋能金融：科技行业的四类参与者

据零壹智库数据统计，截至 2019 年 6 月 30 日，我国有超过 3000 家为金融机构提供第三方科技服务的公司。根据股东背景，比较有影响力的第三方科技服务公司大致可以分为初创类金融科技企业、银行系科技子公司，互联网巨头金融科技子公司以及消费金融公司旗下科技子公司等四大类别，各类型公司依托各自不同的技术、服务、资源优势，为金融机构提供不同细分赛道的金融科技服务。

（一）银行系科技子公司

当前兴业银行、平安银行、招商银行、光大银行、建设银行、民生银行、北京银行等多家银行已经成立了独立运营的科技子公司，发力金融科技产业。

银行系科技子公司，通常遵循由内而外的发展路径，先服务于自身银行的数字化转型，其后将成熟经验逐步对外推广。

资料来源：零壹智库。

图 3-2　银行系科技子公司

依托所在银行雄厚的资金支持，以及自身长时期运营积累的大量业务数据和业务经验，银行系科技子公司的金融科技产品及解决方案，在对外输出有一定的优势。具体地说就是，银行科技公司的产品及解决方案更加贴近银行业务运营的实际状况，能迅速匹配服务对象的经营体系。从“同行更懂同行”视角来看，银行系科技公司更易被中小银行所接受。当前银行系金融科技子公司中，成立较早的金融壹账通、招银云创、兴业数金已经开始大规模对外输出金融科技产品，以云业务为依托，输出银行智慧化转型解决方案。

表 3-3　部分银行系科技子公司解决方案及简介

银行	科技子公司	解决方案及简介	
平安银行	金融壹账通	Gamma 人工智能营销解决方案	2018 年 7 月发布，为零售银行提供营销智能化升级，该解决方案包括智能大数据平台、智能营销决策引擎、智能报表工具以及社交营销解决方案等。
光大银行	光大科技	区块链解决方案、零售金融解决方案等	服务于集团整体战略需要，又对银行等成员企业提供技术支持，同时面向广阔市场开展创新合作和技术输出，充分利用市场化和公司化运营机制，创新机制、创新产品、创新服务。
民生银行	民生科技	零售客户场景解决方案：零售综合金融服务平台	该平台围绕客户场景及动因，挖掘客户数据，快速构建客户场景化服务，实现零售客户的智能营销、智能风控等，打造以“客户”为核心的千人千面服务。

资料来源：公开信息，零壹智库。

（二）BATJ 旗下金融科技公司

以 BATJ 等互联网巨头为代表的互联网企业，纷纷设立了金融科技业务线或科技子公司以切入金融科技行业。

资料来源：公开资料，零壹智库。

图 3–3　BATJ 金融科技公司

不同于银行系金融科技子公司成立之初即聚焦于金融科技的发展路径，BATJ 等互联网巨头的金融科技子公司大多脱胎于自身的金融业务线，在金融业严监管的背景之下，逐步从金融业务向科技输出转化。相较于银行系科技子公司，BATJ 巨头的科技子公司具备以下优势。

首先，BATJ 等互联网企业长期深耕信息技术领域，在区块链、云计算、大数据、人工智能等方面有一定的技术优势。诸如百度、阿里、腾讯等企业作为互联网头部企业，信息技术是其赖以生存的基础，在云计算、人工智能、大数据等金融科技核心技术上先发优势明显。其次，BATJ 等互联网头部企业均已布局金融业务，在如何有效服务长尾群体的问题上，拥有丰富的 C 端线上运营经验，积累了海量的用户数据，在精准营销、智能风控等领域拥有强大的技术和数据积淀。

（三）初创类金融科技公司

随着我国金融科技行业的高速发展，庞大的市场需求促使市场上涌现出了一大批专注于金融科技赛道的初创类技术型企业。初创类企业在成立初期受人才、资金等因素的制约，往往专注于某个细分赛道，以专注度赢得市场信赖，其后逐步向其他金融科技赛道外延，以求形成自己的金融科技服务生态。

根据零壹智库的统计数据，当前我国金融科技市场上存在着超过 3000

家的金融科技公司，其中大部分均为初创型企业，大量的初创类企业为整个金融科技市场注入了活力，在促进市场竞争的同时，也为整个行业的技术交流提供了良好的人才与平台基础，极大地促进了整个金融科技行业的发展。

图 3-4　部分初创类金融科技公司

（四）消费金融公司旗下科技子公司

我国消费金融公司可以大致分为持牌消费金融机构和互联网消费金融公司，前者鲜有布局第三方金融科技公司，而实力较强的互联网消费金融上市公司有些已经成立第三方金融科技公司或正在筹备中。消金系背景的金融科技公司有两个明显的优势：

首先，比起银行系和互联网系的金融科技公司在消费金融领域有更多的用户数据沉淀和数据治理经验。基于这些经验和用户资源，更容易给消费金融类业务提供精准营销、智能风控、数字化运营等一站式解决方案。

其次，当前零售金融业务开展的痛点在于难以有效服务长尾顾客群体。从用户层面来看，在很长一段时期互联网消费金融的主要群体便是传统金融机构服务缺位的长尾客群。互联网消费金融公司长期以来围绕这些人群做服务，拥有丰富的长尾客群服务经验，而根据长尾客群有较强针对性的智能营销、智能风控模型也更能适应市场的需求。

其中，比较有代表性的就是纽交所上市公司信也科技旗下的金融科技公司拍拍信。拍拍信数据服务（上海）有限公司（简称“拍拍信”）是一家以技术为核心的、典型的数据科技企业，具备数据、算法和计算三大关键能力。拍拍信致力于通过数据技术应用助力风控，用三大关键能力、机器学习技术开发出解决方案，灵活满足不同场景下信贷客户的不同需求，促进数据科技在各个行业的普惠价值落地，提升企业各个环节的决策效能。

二、金融机构的合作实践

无论是技术、资金实力较强的大型国有银行和股份制商业银行，还是体量较小、实力较弱的城商行和农商行，面对激烈的市场竞争环境，都纷纷走上了智慧化转型之路。同时，各类型银行纷纷展开外部合作寻求技术支持，以加速智慧化转型的进程。

表 3–4　部分国有行、股份制银行与金融科技公司合作案例

银行	合作对象	合作情况
中国农业银行	百度	2017 年农行与百度达成战略合作，确定了以共建智能银行为蓝图，以金融科技、金融产品和渠道用户为三大方向的整体合作思路。
浦发银行	京东金融	双方在风控、反欺诈、精准营销、智能金融等各个领域加强合作，开展全方位对接，促进金融与科技的深度融合。
浙商银行	邦盛科技	浙商银行在其信用卡账单分期业务中接入浙江邦盛科技机器学习模型系统，通过人工智能技术降低营销成本的同时，优化了用户体验，实现了精准营销在浙商银行的智能化升级。
广发银行	蚂蚁金服	在移动金融中心的建设方面，广发银行引入蚂蚁金服移动开发平台构建新一代信用卡“发现精彩”APP 和手机银行两大 APP，解决 APP 用户体验差、数字化运营能力弱等问题。

资料来源：各金融科技公司官网，公开资料，零壹智库。

而大部分中小银行处在大型商业银行与互联网公司的双重夹击中，以科技赋能银行转型更加重要，但由于资金实力与科技创新能力的限制，中小银行与金融科技公司的合作会更加常态化。大部分中小银行与金融科技公司的合作将会更多为向金融科技公司购买智能营销整体或模块化的解决方案，或与金融科技公司深度合作搭建或完善各环节的建设。

表 3–5 部分中小银行与金融科技公司合作案例

银行	合作对象	合作情况
江西银行	腾讯	2018 年签署《金融科技全面合作协议》，推进金融科技的落地，包括云的数据、存储、安全等产品方案；联合建立金融科技创新实验室，深入开展大数据风控和精准营销等业务的合作；推进区块链在供应链融资、ABS 等场景的应用落地；引入语音识别、语义分析、情绪分析和知识图谱等智能客服配套技术等。
宁波银行	百分点	基于宁波银行内部数据，结合百分点第三方客户互联网行为偏好数据，构建全行用户画像，实现对不同的业务模式和业务目标的辅助支持，为该行未来实现个性化产品和服务、精准营销和交叉销售、风险控制等提供数据和技术支撑。
常熟农商行	蚂蚁金服	在新一代信息系统建设中，常熟农商行把“移动化”能力作为该行未来业务发展中的第一阶段关键能力。为统一移动端平台的开发与运营管理，加快移动金融产品迭代速度，实现面向未来的移动银行的目标，常熟农商行引进蚂蚁金融科技移动开发平台作为全行统一的移动平台架构。同时，引进分布式数据库 OceanBase 搭建基础分布式架构能力，全面适应互联网时代的发展。
重庆农商行	蚂蚁金服	重庆农商行通过引入蚂蚁金服分布式架构 SOFAStack、大数据技术平台、人工智能平台、风控平台等，实现智能科技方面的架构升级。通过渠道整合，实现全行级中台能力建设，如精准营销、线上实时风控、用户画像等，实现全智能平台；同时引入移动开发平台，来打造超级 APP 实现移动端业务运营平台，为建设智慧银行添加动力。

资料来源：各金融科技公司官网，公开资料，零壹智库。

中小银行是传统金融智慧化转型的主战场，中小银行在发展路径上，既要满足地方政府和企业及“三农”的需求，又要满足地方零售业务和个性化服务要求。中小银行面临大力拓展获客渠道、打造精品和差异化服务、数字化精准营销、提升风控能力等多方面的迫切需求。中小银行的智慧化将重点着力于营销、运营、风控等业务环节，通过关键业务环节的智慧化全面推动中小银行转型。

Part 2
技术篇

第四章　智慧的技术源泉

第一节　六大技术基石

智慧金融的本质，在于技术对于金融业的全方位重塑，通过科技与金融的深度融合，从业务模式、业务流程、业务创新等多个维度全方位赋能传统金融机构，大幅提升金融机构的运行效率。智慧金融的飞速发展离不开互联网技术、物联网技术、云计算、大数据、区块链、人工智能六大关键技术，这六项核心技术在内部关系层级上是依次递进的。

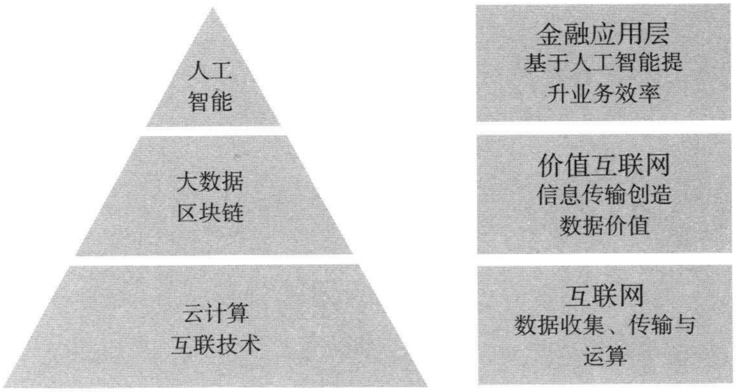

图 4-1　核心技术关系图

互联技术和云计算是最基础层级，包含互联网以及物联网在内的互联技术，使得各类信息的高效收集及传递成为可能；而云计算的出现，实现了各种价值数据的高效归集和整合，为后续的数据集中处理及应用提供了保障。可以说，互联技术及云计算是智慧金融的基础设施。

大数据和区块链的出现，标志着互联网开始向价值互联网过渡。传统的互联网更加专注于信息的高速、准确传递，而忽略了信息本身的价值，而大数据通过对流通在互联网上的各类结构、非结构化的数据进行深度加工，为零散无序的信息赋予价值。区块链则使得明确信息的价值归属成为可能，从而驱动价值在全网高速流动，促进整个互联网由信息互联向价值互联转化。

人工智能的深度应用，使得价值信息、基础设施、应用三者的结合成为可能。在实践中，人工智能通过“数据 + 算力 + 算法 + 场景”的深度结合，将新技术融合到金融业的各个领域，产生了智慧风控、智慧营销、智慧运营等全新的业务形态，促进整个金融业向智能、普惠、安全、高效的智慧金融发展。

基于六大核心技术，智慧金融正推动传统金融行业发生颠覆式的变革。

新客户：

充分应用数字化前端，打破传统金融机构基于网点服务的时空局限，有效实现对长尾顾客群体的覆盖。

新合作：

打破金融行业传统上下游的合作思维，通过 API 接口、科技平台开放等模式，提供开放生态与合作伙伴深度结合，打造金融服务闭环。

新经营：

运用大数据对客户进行风险分析、行为分析等海量数据处理，根据分析结果实施针对性营销、风控方案。区块链技术为核心的智能合约提供解决方案，提升交易效率、降低交易欺诈风险。人工智能技术运用于智能客服、智能投顾，减少人工干预，降低成本。

新体验：

依托金融科技赋能，在以客户为中心的理念下，完成客户旅程数字化改造。打通线上线下渠道，拓展服务场景，提升客户黏性和客户体验。

第二节　技术走向何处

一、互联网技术

（一）互联网技术概论

1. 互联网技术综述

互联网，又称国际网络，始于1969年美国的阿帕网。简单地说互联网是一个由各种不同规模的独立网络，以一组通用的协议相互连接，在逻辑上形成的一张巨大的通信网络。互联网的出现，深刻改变了人类社会的信息传递模式，更多有价值的信息得以高效整合，大幅降低了信息的交互成本，对社会的发展起到巨大的推动作用。

2. 互联网技术发展阶段

互联网技术的发展大致可以划分为四个阶段。

第一阶段：阿帕网。在冷战时期，为了保证战时通信的稳定性，DARPA（美国国防高级研究计划局，Defense Advanced Research Projects Agency）决定建立一套即使部分遭到损坏，其他部分仍然能正常通行的网络，1969年阿帕网投入使用。起初阿帕网仅仅在军方内部使用，其后陆续向商业部门和大学开放。

第二阶段：NSFNet。为了满足政府机构和大学对于科研的需要，1986年美国国家科学基金会（NSF）资助建立了基于TCP/IP架构的NSF主干网，受到NSF的鼓励，美国各大学和科研机构纷纷将自己的局域网加入NSF主干网，NSF逐步完成对阿帕网的替代。1989年，NSF正式改名为Internet向公众开放。

第三阶段：Internet商业化。1994年美国的Internet开始由商业机构接管，使其逐渐完成了从科研网络向商用网络的转化，大幅加快了其普及进程。1995年，NSF主干网宣布停止运营，由三家美国企业全面接管互联网运营，标志着Internet商业化彻底完成。1995年以后，互联网用户开始呈现指数增长。

第四阶段：移动互联网与物联网并行发展。20 世纪末出现的 GSM、CDMA 等 2G 制式手机，在基础通信功能的基础上增加了数据接收的功能，互联网和移动终端的结合成了可能，受限于 2G 网络传输速度较低，移动互联网并未得到有效发展。2008 年国际电信联盟正式公布第三代移动通信标准，3G 的到来大幅提升了移动终端的数据传输速率，移动互联网开始了高速发展。

互联网的出现，使得海量的信息得以借助互联网高速传递，打破了信息传递的时空限制，极大地提高了信息传递的速度并降低了信息传递的成本。通过互联网，信息交互能以图片、文字、音频、视频等多种形式进行，极大地丰富了人们的社会生活。网购、社交、直播、在线视频、互联网金融等多种全新的商业模式也基于互联网被进一步开发出来，整个经济社会的发展因为互联网的出现产生了深刻的变革。

3. 互联网层次体系

开放式系统互联通信参考模型（Open System Interconnect，简称 OSI），是由国际标准化组织提出，使各种计算机在世界范围内互联为网络的标准框架，其目的在于提供给开发者一个必需的、通用的概念以便完成开发，同时可以用该模型解释各种不同的系统框架。OSI 模型分为七层，分别为：

表 4–1　OSI 模型各层介绍

层名称	层含义介绍
物理层	物理层是 OSI 参考模型的最底层，它利用传输介质为数据链路层提供物理连接。
数据链路层	数据链路层是为网络层提供服务的，解决两个相邻节点之间的通信问题，传送的协议数据单元称为数据帧。
网络层	网络层是为传输层提供服务的，传送的协议数据单元称为数据包或分组。该层的主要作用是解决如何使数据包通过各节点传送的问题。
传输层	传输层为上层协议提供端到端的可靠和透明的数据传输服务，包括处理差错控制和流量控制等问题。
会话层	会话层主要功能是管理和协调不同主机上各种进程之间的通信（对话），即负责建立、管理和终止应用程序之间的会话。

（续表）

层名称	层含义介绍
表示层	表示层处理流经节点的数据编码的表示方式问题，以保证系统应用层发出的信息可被另一系统应用层读出。
应用层	应用层是 OSI 参考模型的最高层，是用户与网络的接口。该层通过应用程序来完成网络用户的应用需求，如文件传输、收发电子邮件等。

资料来源：公开资料，零壹智库。

TCP/IP 协议是一个互联网通信模型，它的研发始于 20 世纪 60 年代后期，早于 OSI 参考模型，故不甚符合 OSI 参考标准。虽然 OSI 参考模型是计算机网络协议的标准，但由于其开销太大，所以真正采用它的情况并不多。TCP/IP 协议则不然，由于它的简洁、实用，从而得到了广泛的应用。可以说，TCP/IP 协议已成为建立计算机局域网、广域网的首选协议，已成为事实上的工业标准和国际标准。互联网协议是一个网络通信模型，以及一整个网络传输协议家族[①]，为互联网的基础通信架构。它常被通称为 TCP/IP 协议族，简称 TCP/IP。网络协议共分为四层：数据链路层、网络层、传输层和应用层，其与 OSI 模型的对应关系如下。

OSI	TCP/IP
应用层	应用层
表示层	应用层
会话层	应用层
传输层	传输层
网络层	网络层
数据链路层	数据链路层
物理层	数据链路层

资料来源：公开资料，零壹智库。

图 4-2　TCP/IP 与 OSI 对应关系

① 胡兵编著：《数字媒体传播技术概论》，清华大学出版社。

（二）互联网技术发展趋势：5G 时代，“网”罗天下

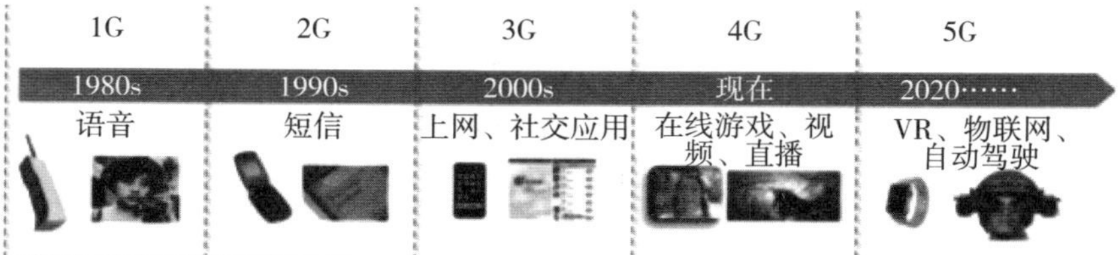

制式	AMPS、TACS	GSM、CDMA	WCDMA、CDMA2000 TD-SCDMA	TD-LTE、FD-LTE	标准尚在制定中……
速率	2.4Kbps	＞ 9.6 Kbps	＞ 384Kbps	100Mbps	＞ 1Gbps
特点	成本高、体积大，稳定性、保密性差，模拟通信，只提供语音业务	数字化、提升容量，稳定性、保密性较好，提供语音、短信等业务	大容量、高质量，较好支持语音、短信和数据，频谱利用率较高	全 IP、速率快，频谱效率高，高 Qos，支持图像、视频等多业务	高频、大容量、高速率，低时延、广连接，支持 VR/AR、物联网、工业控制等多场景

资料来源：国信证券研究所，零壹智库整理。

图 4-3　移动通信技术差异对比

回溯历史，我们不难发现移动互联网的发展与移动互联技术的迭代密不可分，自 2008 年 3G 技术推广以来，互联网开始进入了移动互联时代。

3G 时代是互联网爆发元年，3G 技术速率跨越式的提升，使得更多基于移动互联网的应用形态成为可能，这些应用形态使得传统移动网络的价值链产生了巨大变化，价值生产的环节开始逐步增多，各环节的参与者之间的利益关系变得越发复杂，包括内容提供商、业务提供商在内的每个价值链参与者都可以在移动网络中参与利益分配。可以说，3G 技术带来的移动互联网的发展，使得整个移动通信网络的价值链从运营商和设备制造商两大端点向社会其他行业蔓延，在线社交、手机视频、在线音乐、阅读、娱乐、在线理财、移动支付等应用形态开始出现萌芽。

随着大量新兴应用形态的出现，用户对移动通信技术的速率、延迟、稳定性提出了更高的要求，用户需求的蓬勃发展开始促进通信技术高速更迭。2013 年移动互联网开始步入 4G 时代。4G 时代更大的带宽、更高的传输速率以及大幅下降的资费极大地促进了许多早期布局移动生态的公司快速发展。2007 年全球前十大市值企业仅有一家 IT 企业，而十年后的 2017

年，4G网络的快速普及，改变了百姓的生活，也深刻变革了社会经济的发展，各大互联网巨头开始引领时代发展的潮流，全球前10大市值企业中，IT企业高达7家。

2007年5月底	市值（亿美元）	2017年5月底	市值（亿美元）
埃克森美孚（美）	4685	苹果（美）	7964
通用（美）	3866	Alphabet（美）	6751
微软（美）	2936	微软（美）	5392
花旗集团（美）	2695	亚马逊（美）	4754
中石油（中）	2618	Facebook（美）	4388
美国电话电报公司	2548	伯克希尔·哈撒韦（美）	4076
英荷壳牌（英/荷）	2408	强生（美）	3454
美国银行（美）	2250	埃克森美孚（美）	3410
中国工商银行（中）	2233	腾讯（中）	3254
丰田（日）	2163	阿里巴巴（中）	2975

资料来源：招商证券研究所，零壹智库整理。

图4–4　全球前十大市值企业对比

与此同时，4G与云技术、大数据的深度结合，使得新兴应用的部署和运营开始变得廉价，大批基于移动互联网生态的创业型公司开始出现。除了社交、娱乐、资讯等传统移动互联业务之外，城市出行、共享单车、网络直播、在线理财、移动银行等全新应用形态也随着4G的诞生蓬勃发展。

如果说3G的诞生催生了移动互联网，使得互联网开始向移动端扩散；4G催生了大量创新应用，使得互联网开始高度融入个人生活。那么5G技术的出现，将使得移动互联开始从个人应用转向行业应用。5G因高密度、低延迟、高速率、高移动性的特点，在大幅提升个人用户使用体验的同时，将渗透越来越多的行业应用领域。

在娱乐端，5G的出现将促使整个娱乐传媒行业发生颠覆式的变革。无论是超高清视频还是VR/AR或是全息视频等应用形态，都对网络传输速率有着极高的要求，举例而言，当前4K视频业务需要50MB的稳定宽带，已接近4G网络承载能力的极限，未来的8K视频则需要大约1GB的传输速率，而5G技术的出现，将使这一切成为可能。

在交通出行领域，随着人工智能技术的高速发展，无人驾驶这一新生事物正蓬勃发展。无人驾驶汽车包含大量传感器与超高精度地图的支撑，海量的各类信息需要与云端进行大量的数据交互，这对移动网络的传输延迟和传输速率提出了极高的要求，特别是传输延迟，举例而言，以传统4G网络为例，其标准场景下通信延迟约为30ms，在100km/h的行驶速度下，智能驾驶控制将会产生约0.8m的控制误差，而5G技术1ms左右的延迟，将会把这一误差缩小到3cm，极大地提高了智能驾驶系统的安全性和控制精度。

展望未来，5G技术将在更多的领域大展拳脚。在远程医疗领域，大量高精度的远程诊疗设备必须通过专用网络进行连接以保证其稳定性，极大地限制了其使用场景。而5G技术可以让大量的高精度设备走出去，步入千家万户，真正实现远程医疗，普惠于民。在工业领域，一方面，依托5G支持海量连接的特性，各类型制造设备将通过5G技术得以联通，不依赖传统线路进行数据交互的制造设备将大幅提高设备可维护性和部署便利程度；另一方面，在诸如矿山开采，高危制造等对于安全有着严苛要求又不便于大规模进行传输线路布置的领域，5G网络低延迟的特性将使机器对于人工大规模的替代成为可能。

二、物联网技术

（一）物联网技术概论

1. 物联网技术综述

物联网（IoT），顾名思义，物联网就是将物与物相连接的互联网。物联网的合计基础依然是互联网，是在互联网基础上的延伸和扩充，其用户端延伸到了物品与物品之间的信息交换。

物联网这一概念最初是由麻省理工学院在1999年提出的，2005年国际电信联盟（ITU，International Telecommunications Union）发布的《ITU因特网报告2005：物联网》对物联网定义如下：通过二维码识读设备、射频识别装置、红外感应器、全球定位系统和激光扫描器等信息传感设备，按约定的协议，把任何物品与互联网相连接，进行信息交换和通信，以实现智能化识别、定位、跟踪、监控和管理的一种网络。

中国工信部对物联网的定义为：物联网是通信网和互联网的拓展应用和网络延伸，它利用感知技术与智能装置对物理世界进行感知识别，通过网络传输互联，进行计算、处理和知识挖掘，实现人与物、物与物的信息交互和无缝链接，达到对物理世界实时控制、精确管理和科学决策的目的。它具有普通对象设备化、自治终端互联化和普适服务智能化三个重要特征。根据美国权威咨询机构Forrester预测，到2020年，世界上物物互联的业务，跟人与人通信的业务相比将达到30：1，物联网被视作下一个万亿级通信业务。

在互联网提供信息传递功能的基础上，物联网的出现，使得信息的即时感知和低延迟传递成为可能。物联网可以应用于金融、交通、环保、公共、工业等近乎所有领域，通过物联网对各领域各个运行环节的实时感知，实现物理系统与人类社会的有机结合，大幅提升社会各环节的运行效率。

2. 物联网层次架构

物联网实现物与物之间的信息交换包含三个层次。首先是感知层，通过RFID、传感器、二维码等随时随地获取物品的相关信息。其次是网络层，通过各种通信技术与互联网的融合，将物品的相关信息实时准确地向外传递。最后是应用层，将收集到的物品相关信息进行处理，实现智能化识别、定位、跟踪和管理。

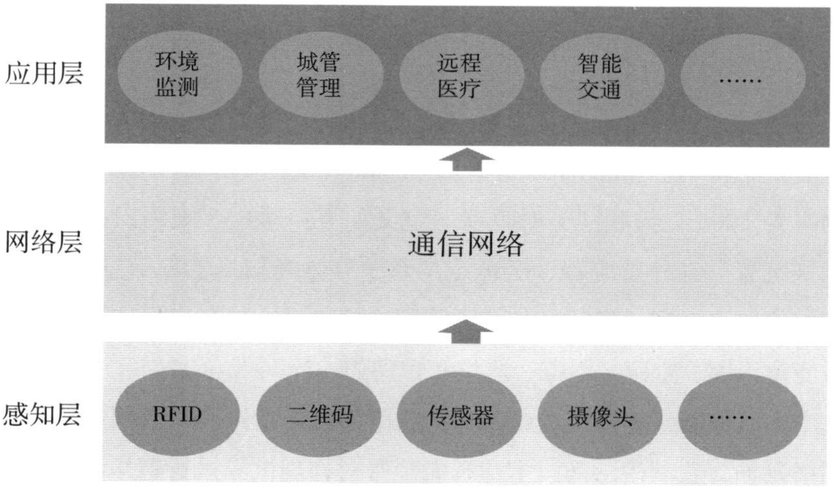

图 4-5 物联网层次架构

（1）感知层

感知层是物联网的三层结构中的最底层。其主要作用是物体识别和信息采集。感知层由诸如 RFID 标签和读写器、传感器、摄像头、GPS、二维码及识别器等传感器件，和对应感应器件的传输网络两大部分组成。感知层解决的是物联网的数据获取问题。它首先通过各类传感器件采集外部环境的相关信息，其后通过短距离传输技术传递数据。感知层的最终目的是在低成本、低功耗、小型化的前提下，更加精确、更加全面地感知信息。该层的核心技术包括射频技术（RFID）、无线网络组网技术、现场总线控制技术等。

（2）网络层

传输层是物联网的神经中枢和大脑，由内部网络、互联网、通信网、网络管理系统组成。其主要职责是负责传输和处理感知层获取到的相关信息。通过包括 3G/4G、WIFI、光纤通信等各种互联技术的运用，实现信息的高速传递。传输层是物联网的基础设施，也是物联网三层结构中最成熟的部分。

（3）应用层

应用层由业务支撑平台、管理平台、信息处理平台、信息安全平台、服务支撑平台等部分组成。通过完成信息的管理、存储、计算、挖掘、分析，向行业和大众用户提供基于物联网的丰富应用。通过将物联技术与各行各业的信息化需求相结合，为行业提供各类智能化解决方案，如智能工业、智能医疗、智能家居等。应用层发展的关键在于行业融合、信息资源的开发利用、低成本高质量的解决方案、信息安全的保障以及有效的商业模式的开发。应用层的核心技术包括中间件技术、虚拟技术、云计算、SOA 系统架构方法等。

3. 物联网技术基础

（1）感知和识别技术

感知和识别技术是物联网技术的基础，其作用是采集外部环境的数据，实现物联网对于外部世界的感知和识别。传感技术利用传感器和自身传感网络，感知、采集物联网覆盖体系内被感知对象的相关信息，其涵盖物理识别、地理识别和位置识别，以二维码和 RFID 技术为基础。

RFID 技术是物联网的核心技术，非接触识别是其最大的优势，能够在视频识别结束无法使用的恶劣环境中使用。一套完整的 RFID 系统包含读写器、电子标签、应用系统三个部分。RFID 的基本工作原理是：标签进入磁场后，接收阅读器发出的射频信号，其后标签主动向外界发送标签中所存储的相应信息，阅读器读取信息并解码后，送至中央信息系统进行有关数据处理。

除了 RFID 之外，二维码也是物联网感知层的一项重要技术。二维码是一种利用黑白矩阵图案表示二进制数据的技术，相较传统的一维条码，二维码的数据存储量更大。通过设备扫描二维码，就可以获取其中所包含或对应的信息。

（2）通信技术

稳定、可靠、安全、低功耗、低延迟的通信技术是物联网稳定运行的保障。近几年兴起的 LPWAN（低功耗广域物联网）技术是物联网通信技术的典型代表。NB-IoT 是 2015 年 9 月在 3GPP 标准组织中立项提出的一种新的窄带蜂窝通信 LPWAN 技术。2016 年 6 月 16 日，在韩国釜山召开的 3GPPRAN 全会上，NB-IoT（窄带蜂窝物联网）对应的 3GPP 协议相关内容获得了 RAN 全会批准，正式宣告了这项受无线产业广泛支持与关注的 NB-IoT 标准核心协议的确立。相较于其他通信标准，NB-IoT 具有如下优势：

① 部署灵活。NB-IoT 具有独立、保护带、带内署三种模式，独立部署主要指独立于现有运营网络，利用新的带宽资源进行部署；保护带部署是在已有网络的保护带上部署；带内部署则是利用现有 LTE 网络中 LTE 载波的任何资源部署。运营商无须对网络设备进行升级，只需要升级软件即可，部署便捷灵活。

② 覆盖范围广。不同于针对人与人互通设计的现有通信网络制式，物联网的通信可能长时间发生在地下室、下水道或者具有多层墙壁阻隔的室内，传统通信网络难以有效覆盖。而 NB-IoT 在设计之初就考虑到了物联网对于信号穿透力的需求，在同频道下，NB-IoT 比传统网络增益 20dB，覆盖范围超过 100 倍。

③ 低功耗。通信设备的能耗从整体上看与数据传输速率与数据传输量正相关。NB-IoT 的设计初衷就是为了应对物联网小数据量传输的需求，通过 PSM 和 eDRX 等技术的运用来看，NB-IoT 的整体功耗控制十分优秀。

④ 高连接数。物联网的应用环境，须要在单一区域内实现数额巨大的接入数量，以保证对于场景内物品状况的实时监控。相较于目前的蜂窝网络（3G/4G 通信网），NB-IoT 单一区域内的可接入数超过近 50 倍，最大可到近 5 万个，能有效满足物联网万物互联的连接需求。

⑤ 低成本。低速率、低带宽、带来的是功率放大器小、缓存小和算法简单，这将有效降低单一设备的成本，同时高连接数和覆盖范围广，使得部署成本得以进一步降低。整体来看，其他技术的预期部署和运行成本均高于 NB-IoT。

（二）物联网技术发展趋势

1. 智能连接，物联万物

日趋廉价的计算资源、日益智能化的城市、日益普及的智能终端，从现实社会映射向虚拟世界的投影会不断积累，愈发形成一张人与物相互交织的虚拟网络，物联网也将不仅仅止步于狭义的物物互联时代，一张人与物交织的广义物联网正在向我们走来，我们将步入一个智能物联的时代。

智能物联的时代将是对硬件定义颠覆式地重塑，传统的硬件内涵是物理装置按照整体系统的需求，构成一个为上层软件服务提供物理（系统）基础的整体。随着大量传统硬件的网络化、智能化，硬件定义将更加广泛，一个泛硬件化的时代即将到来。

在智能物联的时代，硬件与服务将成为不可分割的两面，形成硬件及服务（HaaS）或物体及服务（TaaS）的服务模式。广义物联网通过对包含各类智能设备、传感器的连接，广泛的数据采集、分析、加工，形成高效、迅速、快捷的综合物联网服务体系。通过硬件与服务的协同，实现对状态变化的实时主动感知、实时分析、自主匹配，自动提供切中需求痛点的服务。在客户服务上，通过物联网的连接，当用户的身体、行为、情绪、位置等要素发生变化时，无处不在的物联网终端会立刻感知到用户的变化，并通过物联网进行分析汇总，智能判断甚至预测出用户的即时需求。其后，通过对接相应的服务提供商主动匹配供给，或者指挥智能终端发挥特定功能为用户提供对应的服务。

智能物联网的时代，数据的流动速度决定了服务周期。以数据为驱动、终端为触点的智能物联网，为每个用户提供主动、精准、高效的个性化服务。

2. 物联网助力，智慧城市渐行渐近

智慧城市是指利用各种信息技术或创新概念，将城市的系统和服务打通、集成，以提升资源运用的效率，优化城市管理和服务，以及改善市民生活质量。物联网对于整个城市各运行环节的高效感知及信息归集是智慧城市的基础保障，物联网的应用将在城市交通、公共安全、节能环保等方面深刻影响城市的发展。

在城市交通上，无处不在的监控设备、传感设备将实现对城市交通运行状况的 24 小时监控，交通信息处理中心可以即时获知何处发生了交通事故、何处交通拥挤等，并以最快的速度提供给驾驶员和交通管理人员。同时，通过对公共交通及商业运营车辆的连接，可以实现运行信息的双向交互，以大幅提升出租车、公共汽车等城市交通出行工具的运行效率。

在公共安全上，随着我国城市化进程的高速推进，各类大型赛事、展会活动越发频繁。同时，外部地缘政治、宗教等问题的加剧，对城市的公共安全治理能力提出了更高的要求。智慧城市依托物联网的部署，实现对城市各区域的 7×24 小时无间断监控，并对海量的城市视频进行存储与分析，以达到对于安全事件的事前威慑、事发高效感知和快速效应、事后快速处理及高效调查取证的目的，极大地提升城市公共安全治理水平，为居民提供安全的生活环境。

在节能环保上，在污染治理上，通过物联网对于空气质量和水源污染状况的实时监控，可以实现对于突发环境污染事件的高效处理及对企业乱排乱放的高效监管处置。在节能问题上，借由光线传感器、流量统计设备等各类型传感器的应用可以将节能带入社会生活的各个领域，通过诸如实现办公大楼空调系统的智能调控、城市照明系统的智能开关等实现真正的节能型社会。

三、大数据

（一）大数据技术概论

1. 大数据技术综述

现代社会是一个信息化、数字化的社会。移动互联网的普及和各种智能设备、传感器的使用，使得数据充斥着整个世界，在数据爆炸的时代，数据本身也成了一种资源，亟待人们通过特定的方法，从海量数据中充分挖掘其价值并加以利用，使之能给社会带来更大的效益，助力社会的进步和发展。

大数据并非一个全新的理念，早在 1980 年，著名未来学家阿尔文·托夫勒便在《第三次浪潮》一书中，将大数据热情地赞颂为“第三次浪潮的华彩乐章”。但是受到存储能力、处理能力等因素的制约，大数据技术一直未取得较大突破，直到近年来随着计算机技术和互联网技术的高速发展，大数据才取得了突破性进展。

究竟什么是大数据？迄今并没有公认的定义，普遍认为大数据是指体量超过典型数据库软件采集、储存、管理和分析等能力且具有可观利用前景的数据集合。而大数据技术就是对其进行采集、储存、检索、分析的技术，是一系列使用非传统的工具对大量的结构化、半结构化和非结构化数据进行处理，从而获得分析和预测结果的一系列数据处理技术。

一般认为大数据具有4V特征，即规模性（Volume）、多样性（Variety）、高速性（Velocity）和价值性（Value）。

（1）规模性

规模巨大，是大数据的首要特征。随着信息技术的发展，社会每天所产生并能够被记录的数据呈几何级增长，大数据处理所涉及的数据量通常为TB、PB乃至EB级。

（2）多样性

随着社交网络的普及，各类智能设备、传感器的应用，我们所产生并记录的数据类型也越发繁杂，其中不仅包含诸多可存储于数据库中的结构化数据，还包含大量诸如文本、图片、音频、视频等非结构化数据。

（3）高速性

快节奏的社会生活高速产生海量信息，大数据在数据的获取、存储以及挖掘有效信息上，必须是高速有效的。同时，快节奏的社会生活也意味着信息价值的迅速流逝，信息的价值时间窗也在缩短。

（4）价值性

由于数据规模的庞大，采集到的数据样本往往是不全面且不连续的，数据可能会失真，但当数据量达到一定规模，大数据可以通过对海量低价值密度信息的分析、挖掘，获取到更加贴近真实原貌的有价值信息。

2. 大数据处理流程

整个大数据的处理流程，主要分为数据采集、数据预处理、数据处理与数据分析、数据呈现四个步骤。

（1）数据采集

通过数据采集工具，将不同来源、类型各异的海量数据快速导入一个大型分布式存储系统当中，为后续的分析挖掘提供数据支撑。

（2）数据预处理

大数据的采集通常涉及若干个数据源，包含类型各异的大量结构化、半结构化、非结构化的数据。要想对这些数据进行分析处理，就必须对数据进行预处理，整个预处理环节包含数据清洗、数据集成、数据规约等环节。数据的预处理，可以大幅提升数据的总体质量，提升数据分析环节的效率。

（3）数据处理与数据分析

数据处理与分析是大数据处理的核心环节。当前大数据处理的主要模型有 MapReduce 分布式计算框架、分布式内存计算系统、分布式流计算系统等。其中 MapReduce 是一个批处理的分布式计算系统，其适合对各种结构化和非结构化的海量数据进行并行处理。而分布式内存计算系统，可以有效地减少数据在读写和移动过程中的开销，提高处理性能。分布式流计算系统，则可以实现对于数据流的实时处理，保证处理结果的时效性。每种处理模型都有各自的优劣，因而在处理时，需要根据需求和数据的类型选择合适的处理模型。

大数据分析技术主要包含已知数据的统计分析和未知数据的分布式挖掘、深度学习技术两个维度。其中最核心的是分布式挖掘和深度学习技术。在大数据的分析阶段，其运用包含聚类与分类、关联分析、深度学习等技术，挖掘大数据集合中的各种价值信息，并进行分析和预测。

（4）数据呈现

数据呈现环节，主要指将大数据的分析与预测结果，以图形等直观的可视化方式呈现。数据可视化可以大幅提高数据分析与预测结果的直观性，更好地帮助用户了解数据中隐含的各类信息，便于大数据处理结果的应用。

3. 大数据技术基础

（1）分布式技术

分布式技术是大数据的基础技术之一，大数据的处理过程对整个计算机体系的运算能力、稳定性、存储能力提出了很高的要求，单台计算机的性能难以满足大数据技术的需求。

分布式技术是一种基于网络的计算机处理技术，与集中式计算的概念相对立，其主要分为分布式存储技术和分布式计算技术。分布式技术主要研究如何把一个需要非常巨大的计算/存储能力才能解决的问题分成许多小的部分，然后把这些部分分配给许多计算机进行处理/储存，最后把这些计算结果综合起来得到最终的结果。

（2）云计算

大数据与云计算的关系就像一枚硬币的正反面一样密不可分。大数据的运用需要强大存储能力和算力支撑，但是并非所有企业都需要频繁运用大数据，为此单独建立并维护一套性能强大的计算机系统将为企业带来沉重的负担。依托云计算技术，企业可以根据自己在大数据分析时对于算力和存储空间的需求，向云计算运营商购买服务即可。可以说，云计算是大数据技术发展和普及的基础。

（二）大数据技术发展趋势

时至今日，人们生活的方方面面都已充斥着大数据的声音。在各类购物平台，用户收到的产品推荐；在社交平台，用户收到的好友推荐和信息推送都是大数据分析结果的应用。在大数据的世界中，一切皆可量化、一切皆可分析。

1. 大数据无处不在

从社交平台到线下生活，我们每天都在创造着规模空前的数据。在未来，随着物联网“万物互联”时代的到来，遍布我们生活各处的传感器，将使得大数据贯穿我们衣、食、住、行的各个领域，越来越多的数据将会被记录、被分析、被应用。

未来的大数据时代，网络无处不在、数据无处不在、计算无处不在、软件无处不在、服务无处不在。

2. 数据市场

当大数据分析渗透进衣食住行的各个环节，在大数据分析的赋能下，数据将成为一种极富价值的稀缺资源。在大数据分析的视角下，人将会成为一个贴满了标签的数据集合，但数据孤岛现象日益加剧。经济的运行是无数个体经济行为的加总，大数据为分析市场运行状况提供了行之有效的解决方案，政府部门希望透过数据实时了解经济的运行状况，企业希望真实了解消费者的偏好。这时，机构开始希望获取涵盖社会生活各个方面、各个维度的深度数据。相应的，涉及各行各业经过大数据处理的各类信息，在合法合规、隐私保障的前提下，将成为一种富含极高经济价值的资产在市场上进行交易，以满足各行各业对数据的需求。

3. 与人工智能深度结合

随着信息技术的不断发展，在可以预见的将来，在大数据的应用中，人们需要处理越来越多的数据。一如 AlphaGo Zero 在无人类干预的情况下，经过短短 40 天的学习，便将学习了人类千年围棋经验的“兄长”AlphaGo Master 轻松击败一样。在计算机技术爆炸性发展的今天，大数据的运算和学习能力已经得到了验证。

在未来，通过人工智能与大数据的深度结合，利用基于神经网络等技术的机器学习，让人工智能在数据处理过程中不断自主学习、自我迭代，优化算法以提升处理能力，让机器在大数据处理中充当“主角”，可以大幅提升大数据处理的效率和精准度。

四、云计算

（一）云计算技术概论

1. 云计算技术综述

什么是云计算？现阶段广为接受的是美国国家标准与技术研究院

（NIST）的定义：云计算是一种按使用量付费的模式，这种模式提供可用的、便捷的、按需的网络访问，进入可配置的计算资源共享池（资源包括网络、服务器、存储、应用软件、服务），这些资源能够被快速提供，只需投入很少的管理工作或与服务供应商进行很少的交互。

通俗来说，云计算就是一种基于因特网的超级计算模式，在服务中心里，若干台电脑和服务器被连接成为一台云电脑。这台“电脑”拥有超凡的运算能力，用户可以通过各种数字终端，按需进入服务中心，进行运算。

一般认为云计算具备超大规模、虚拟化、高可靠性、通用性、高扩展性、按需服务、廉价七大特征。

（1）超大规模

一些知名的云提供商诸如阿里云、腾讯云、Google 云等都拥有百万级的服务器规模，依靠这些由分布式技术搭建起来的服务器云，能为用户提供卓越的计算性能。

（2）虚拟化

用户可以随时随地，通过终端从“云”上获取服务，用户所获取的资源都是存在于“云”中的一个虚拟概念，不存在硬件实体。

（3）高可靠性

云计算供应商一般都会采用数据多副本容错、计算节点同构可互换等措施来保障服务的高可靠性，确保用户数据的安全。

（4）通用性

云计算拥有高通用性，不针对特定的应用，在“云”的支撑下，可以支持各类不同的应用同时在“云”上运行。

（5）高可扩展性

“云”的规模可以根据实际需求动态地伸缩，以满足用户规模和应用增长的需求。

（6）按需服务

“云”是一个庞大的资源池，用户无须担心算力、存储空间不充分等问题，可以像日常家庭的水、电、煤气那样，按照自己的实际需求购买服务即可。

（7）廉价

由于“云”的特殊容错措施可以采用极其廉价的节点来构成云，“云”的自动化集中式管理使大量企业无须负担日益高昂的数据中心管理成本，“云”的通用性使资源的利用率较之传统系统大幅提升，因此用户可以充分享受“云”的低成本优势。

2. 云计算部署模式

从部署模式上看，云计算的部署模式通常分为三类：

私有云（private cloud）。私有云是为一个客户单独使用而建立的。目标是为了实现对内部数据实现集中管理并保证其安全性。私有云通常部署在企业的数据中心或某个主机托管场所。

公有云（public cloud）。公有云模式下，与云服务相关的基础设施通常都由云服务商提供，客户只需要按照自己的需求向云服务商购买相应服务，而无须去关注托管场所、服务器维护等问题。

混合云（hybrid cloud）。部分客户在使用云服务时，出于信息安全的考量，并不会将部分核心信息放置在公有云上，而是通过搭建混合云的模式对信息进行存储。混合云是私有云和公有云的结合，每种云仍然保持独立，但可以通过信息技术将其连接起来。企业可以将机密信息放置在私有云上，同时通过公有云的运用，满足业务对于云服务的弹性需求。

3. 云计算服务交付模式

一般而言，云计算通常体现为 3 种服务交付模式：IaaS（基础设施即服务）、PaaS（平台即服务）、SaaS（软件即服务）。

（1）基础设施即服务（Infrastructure as a Service，IaaS）

IaaS 是最底层的服务模式，其服务主要集中在提供服务器、存储空间、网络宽带这些基础资源上，通过虚拟化技术，用户无须租用机房和维护自己的服务器，只需根据自己的需求，向服务商购买这些位于“云”端的虚拟基础资源即可。

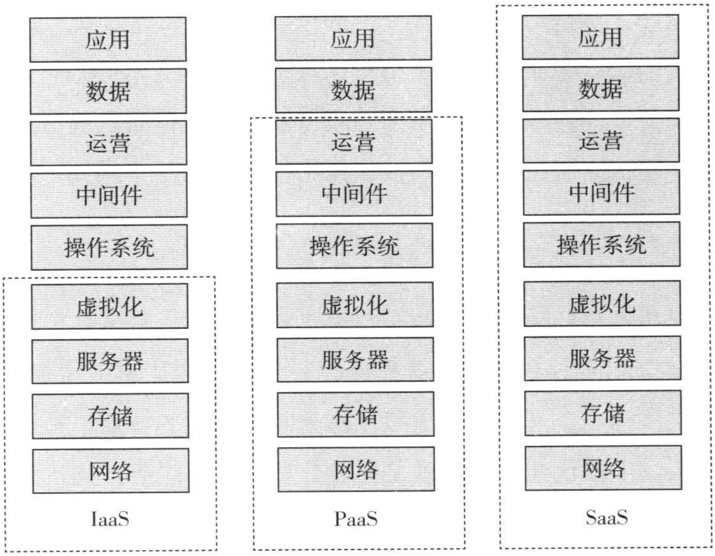

资料来源：公开资料，零壹智库。

图 4-6 IaaS、PaaS、SaaS 三种云计算服务交付模式包含的内容

（2）平台即服务（Platform as a Service，PaaS）

PaaS 服务是构建在 IaaS 之上的，PaaS 除了向用户提供基础资源以外，还提供了业务软件的运行环境。PaaS 实质上是将软件的开发和运行平台作为一种服务。

（3）软件即服务（Software as a Service, SaaS）

SaaS 是最成熟、最普及的云计算服务交付模式，SaaS 将一切软件的运行和后台环境放置于“云”端，客户可以直接根据自己的需求租用软件所提供的服务。SaaS 不同于 PaaS，用户不再是应用的开发者，而变成应用的最终用户。SaaS 模式，因其方便快捷和低使用门槛的特性，成了当前云计算的主要发展方向。

4. 云计算技术基础

（1）海量数据分布存储技术

分布式存储系统，是将数据分散存储在多台独立的设备上。传统的数据存储系统采用集中的存储设备来存放所有数据，存储服务器往往成为系统性能的瓶颈，也是可靠性和安全性的焦点，难以满足大规模存储运用的空间和安全需求。分布式存储系统采用可扩展的系统架构，通过若干个存储服务器来分散存储数据，利用未知服务器来定位存储位置信息。分布式存储系统不但提高了系统的可靠性、易用性和存储性，还具备易于扩展的特点。

（2）虚拟化技术（virtualization）

虚拟化技术是云计算系统的核心组成部分之一，是将各种计算及存储资源充分整合和高效利用的关键技术。云计算的特征集中体现在虚拟化、分布式和扩展性三个方面，而虚拟化作为其最主要的特点，是云计算环境搭建的核心。虚拟化技术的实质是将软件和硬件层隔离，通过虚拟化技术进行云端软件部署。其并不需要关注具体部署于整个云体系的哪一台服务器，而是通过虚拟层面的管理系统对云平台进行统一化的管理。

目前云计算中的虚拟化技术主要包含将单个物理资源划分为多个虚拟的逻辑资源的裂分模式，也包含将多个物理资源整合为一个虚拟资源的聚合模式。通过虚拟化技术的应用，为大规模应用的部署和管理提供了全新的思路，有效提高了资源的使用效率。

（3）云计算平台管理技术

云计算资源规模庞大，一个系统服务器数量众多（可能高达10万台）、结构不同并且分布在不同物理地点的数据中心，同时还运行着成千上万种应用。如何有效地管理云环境中的这些服务器，保证整个系统提供不间断服务必然是一个巨大的挑战。云计算平台管理系统可以看作是云计算的“指挥中心”。通过云计算系统的平台管理技术能够使大量的服务器协同工作，方便进行业务部署和开通，快速发现和恢复系统故障，通过自动化、智能化的手段实现大规模系统的可靠运营和管理。①

① 方巍、文学志、潘吴斌等：《云计算：概念、技术及应用研究综述》，《南京信息工程大学学报（自然科学版）》2012年4月，第351—361页。

（二）云计算技术发展趋势

1. 云计算标准加速推出

随着云逐渐在众多企业中开始成为主流应用，云计算技术及运行模式的标准和规范的混乱已经逐步成为制约其进一步拓展服务空间的最大障碍。

目前，整个云计算行业和各个行业对于云的界定标准不统一。不同的云服务提供商都有一套自己的标准，大多数情况下，厂商会根据需求方的具体诉求提供不同的解决方案。在未来，随着云计算服务空间的进一步拓展，规模化和产业化对于云计算行业的发展来说至关重要，标准的不统一不仅会对供应商软硬件的兼容性造成影响，更会对整个云计算行业的产业化发展造成一定的阻碍。因此，制定统一的技术标准和运营模式标准，对云计算行业的可持续发展是必不可少的。

2. 边缘计算

云中心有强大的处理性能，具备海量的数据处理能力。但是，并非所有类型的业务都适合传统中心化的云计算模式。诸如在金融、消费等对数据实时处理能力要求较高的行业，随着各种数字化前端的发展，云中心需要处理的数据量与日俱增，将海量数据传送至云中心带来的网络带宽压力和长距离传输以及处理带来的数据延迟，就成了制约云计算性能的核心难点。

相对应的，如果我们能够在网络的边缘节点去处理、分析数据，那么这种计算模型会更高效。与云计算相比，边缘计算的主要计算节点以及应用分布式部署在靠近终端的数据中心，这使得服务的响应性能、可靠性都高于传统中心化的云计算。

边缘计算与传统云计算的结合，将帮助云向更靠近用户的方向延伸，便于满足低延时、高带宽等新兴业务的需求。

3. 混合云

数据安全是贯穿互联网发展始终的话题，对于诸如银行、证券、保险等企业，将大量核心业务数据储存在第三方云上是十分危险的行为。为了兼顾安全和效率，混合云这一应用模式应运而生。简单来说混合云是私有云和公有云的混合体，其通过将核心业务系统及关键数据部署在私有云上，以保证核心业务系统的安全性；并将大量低保密性、低安全要求的业务迁移至公有云。在充分发挥私有云高私密性的同时，兼顾了公有云低成本和弹性扩展的优势，越来越多的企业选择混合云来搭建自身的云体系。

随着需求的兴起，各大巨头也纷纷入局混合云市场，2017 年谷歌与超融合龙头 Nutanix 合作布局混合云市场；阿里云联合 Zstack 混合云服务；AWS 与 Vmware 合作推出 VMwareCloudonAWS 服务；微软推出多云管理服务 CloudServiceMap 助力多云部署。

五、区块链技术概论

（一）区块链技术概念

1. 区块链技术综述

区块链的概念在 2008 年由中本聪首次提出，区块链的本质是一个去中心化的分布式账本数据库。区块链是由一个一个的“区块”串联起来，像一根链条，有始无终，不断延长。新产生的区块会添加到区块链的尾部，形成链接。一个区块就是一份包含了一段时间内全部交易的账单，为了避免账单顺序错乱和恶意篡改账单数据，账单（区块）和账单（区块）之间通过哈希值来连接。其具备去中心化、去信任化、加密安全、不可篡改四大特点。

（1）去中心化

区块链是一个由各参与节点记账维持，并存储在全球范围内各个去中心化节点的公开账本。因为每个节点的参与者都必须遵从同一公开的记账和交易规则，而该规则的基础是密码算法而非信用，同时每笔交易都要获得区块链其他参与者的认可，所以基于区块链的价值传递（交易）不需要任何第三方机构为其信用背书，每一笔交易都是所有参与者基于现有规则的共识（少数服从多数）。

在传统的中心化网络交易体系中，中心机构（如银行或第三方支付机构）承担了所有的记账和清算职能，中心系统遭到攻击即可能造成整个系统的瘫痪，而在区块链这样的去中心化的网络中，对单个节点的攻击无法实现对整个网络的控制或破坏，除非攻击方能掌握超过 50% 以上的节点，在一个高度普及的区块链网络中，任何单一方要想掌握 50% 以上的节点，是近乎不可能完成的任务。

（2）去信任化

在传统信用背书的交易网络中，参与者对中心机构的信任是该交易网络有效运行的基础，随着参与人数的增加，系统处理载荷的提升，整个系统的安全性和稳定性会逐步下降。而在区块链的世界中，最大的规则是区块链的算法，通过算法的自我约束，任何对于数据的恶意篡改和对区块链系统的欺骗都会遭到其他节点的排斥和抑制。因此，在区块链体系中，不需要任何权威机构对交易的可信度进行背书。同时，随着区块链参与人数的增加，要想获取区块链控制权的难度会更大，区块链系统的可信度会随之加强。

（3）加密安全和不可篡改

哈希加密算法是区块链的底层基础，简单说就是把任意一段数据经过某种算法生成一段唯一的固定长度秘钥的加密模式。SHA-256 是区块链中最常见的加密算法，其加密后生成的 256 位哈希函数，平均需要完成 2^{128} 次哈希计算才能破解，在当前计算机算力的背景下，破解几乎是不可能完成的任务。

区块链采用单向哈希算法，在区块链的体系下，每个新生的区块都严格按照时间线顺序推进，时间的不可逆性使得任何试图篡改区块内部信息的行为都很容易被追溯，导致其他节点的排斥。

区块链的应用，可以有效解决资产交易中的“双花”问题和“拜占庭将军”问题。数字资产或数字凭证和其他文件一样，可以将同一个文件复制多次，具有无限可复制的特点。如果不存在一个中心化的机构，我们无法确认该资产是否已经被交易。其区块链中，每一个区块都包含了上一个区块的哈希值，从创始区块开始一直连接到当前区块形成链条，每一个区块都需要按照时间顺序排列在上一个区块之后，否则前一个区块的哈希值是未知的。同时，每一笔基于区块链的交易都需要对外进行广播，所以只有在最新区块中的交易是独一无二且未发生过时，其他节点才会确认该新生区块的有效性。

拜占庭问题的核心是当战场上多个将军互相并不信任（存在叛徒）时，互相相隔甚远无法碰头，却要保证进攻时间一致，所以某种分布式远程协调沟通机制尤为重要。假设战场上有 N 个将军，每个将军就需要向其他将军派出 N-1 名信使，总计需要进行 N×（N-1）次信息传递。此外，部分将军还会答应不止一个攻击时间，故意背叛发起人，他们将重新向其他将军传递若干条不一致的信息。此时，整个系统将变成一个不可靠信息不断传递、攻击时间相互矛盾的混合体。区块链通过为发送信息加入成本，也就是基于计算一个随机哈希算法得到遗传 64 位的随机数字和字母组成的字符串的“工作量证明”，并加入了一个随机元素以保证在一个时间只有一个将军可以进行广播，从而解决这个问题。

2. 区块链技术基础

（1）区块 + 链

区块链，顾名思义就是区块和链的组合。在区块链技术当中，数据会以区块的形式被永久保存下来，区块按照时间顺序生成。不同区块链的设计结构不尽相同，但区块的结构大体可分为块头和块身两部分。块头用于连接到前一个区块，为区块链的完成性提供保证，块身则记录块身创建过程中所有经过验证的价值转移记录。

由于每一个区块的块头都包含了前一个区块的交易信息压缩值，这就使得从创世块（第一个区块）到当前区块连接在一起形成了一条长链。由于如果不知道前一区块的“交易缩影”值，就没有办法生成当前区块，因此每个区块必定按时间顺序跟随在前一个区块之后。这种所有区块包含前一个区块引用的结构让现存的区块集合形成了一条数据长链。

“区块 + 链”的结构为我们提供了一个数据库的完整历史。从第一个区块开始，到最新产生的区块为止，区块链上存储了系统全部的历史数据，提供了数据库内每一笔数据的查找功能。区块链上的每一条交易数据，都可以通过“区块链”的结构追本溯源，一笔一笔进行验证。

（2）分布式结构

有了区块＋链的数据之后，数据的存储便是区块链需要考虑的问题，不同于传统的中心化体系，每一条数据都记录在中央数据库中。而区块链则将数据记录在每一个参与交易的节点当中，通过构建一整套协议机制，让全网每一个节点在参与记录的同时也来验证其他节点记录结果的正确性。依托分布式记账、分布式传播和分布式存储技术的应用，区块链构造起了一套数据即时广播、会计责任分散、高稳定性的交易系统。

（3）脚本

在传统的中心化交易体系中，交易体系通常都是为了满足特定资产的交易而涉及的，而区块链系统经常需要处理一些无法预见的交易模式，在区块链的体系中，所有交易都需要提前取得共识。有了脚本之后，区块链技术就会使系统有机会去处理一些无法预见的交易模式，确保了区块链交易体系可以实时跟上不同资产交易的需求。

脚本的本质是一条基于区块链体系的多指令列表集合，通常包含所有被认可的价值转移需要包含的要素和条件，这些指令将会记录在每一次价值转移活动当中。

3. 区块链应用形态

按照应用形态划分，区块链可以分为公有链、联盟链、私有链、侧链四种应用形态。

（1）公有链

公有链的核心特征是参与者没有任何限制，即任何人都可以参与到共识机制形成中的区块链组织架构，任何人都可以参与决定一个新的区块是否可以被加入到区块链当中。公有链真正实现了分布式和去中心化，当前流行的比特币就是典型的公有链。

（2）联盟链

不同于公有链，联盟链对于参与者设有门槛，同时采取多中心式，参与成员为预先根据一定条件设定的参与者。系统内交易确认的节点一般也是事先设定，并通过共识机制确认的。联盟链容易进行控制权限设定，拥有更高的应用可扩展性。在交易清算、结算等领域，联盟链有着广阔的应用前景。

（3）私有链

私有链是一种中心化系统，由中心控制者指定可以参与的成员。私有链通常应用于区块链的内部测试或内部管理等场景。

（4）侧链

侧链是主区块链之外的另一个区块链，其锚定区块链当中的某一个节点，依托主体区块链的验证体系来保证其自身的真实性，并且可以和主链之间进行数据交换，侧链可以针对具体的应用场景进行一系列优化。

（二）区块链发展趋势

自 2008 年中本聪首次提出区块链的概念以来，区块链在短短 10 年间取得了飞速的发展，回溯整个区块链的发展历程，大致可以将其划分为 3 个阶段。

1. 区块链 1.0 时代

在区块链 1.0 时代，区块链的应用主要集中在货币发行体系探索和数字货币上，该时代区块链技术最广最成功的运用是以比特币为代表的数字货币。由于去中心化信用和频繁交易的特点，使得其具有较高交易流通价值。自比特币诞生以后，全球已经陆续出现了上千种数字货币，围绕着数字货币生成、存储、交易形成了较为庞大的产业链生态。随着各国央行监管趋严，数字货币投机浪潮逐渐消退，区块链的发展逐步向 2.0 过渡。

2. 区块链 2.0 时代

除了构建货币体系之外，在区块链 2.0 时代开始被用于金融领域。基于区块链可编程的优势，人们开始将脚本（智能合约）与区块链结合，形成区块链 2.0 时代的应用形态——可编程金融。智能合约的核心是在交易体系中利用算法来替代人执行合同，通常智能合约包含要约、承诺、价值交换三个基本要素，并有效定义了新的应用形式，使得区块链从最初的货币体系拓展到金融的其他应用领域，包括在交易、清算等领域开始逐渐有应用落地。传统金融机构也在大力研究区块链技术，以期与传统金融应用相结合。

3. 区块链 3.0 时代

在区块链 2.0 时代，人们对于区块链技术的认知还停留在金融层面，其主要应用在银行、证券这些与金融相关的领域，随着区块链技术的不断发展和应用范围的不断扩大，对于区块链的认知逐渐超越了数字货币和金融工具的范畴。区块链本质能够对互联网中代表价值的信息进行产权确认、计量和存储，从而实现信息在区块链上的可控、追踪和交易，它不仅能记录金融业的交易信息，任何有价值的信息都能存储在区块链当中。因此，区块链本质上是一种大规模的人类协作工具，可以帮助人们在去信任的环境中进行交易和合作。区块链可以广泛应用在公证、仲裁、通信、投票、物联网等各个领域，如果将区块链和金融结合的区块链 2.0 时代称为可编程金融的话，那么未来区块链的应用将与社会的各行各业深度结合，全面步入“可编程社会”的区块链 3.0 时代。

六、人工智能

（一）人工智能技术概论

1. 人工智能发展综述

人工智能是指训练计算机使其如人类一般做出自主学习、判断、决策等行为。人工智能自 1956 年提出以来，其整个发展历程呈现阶梯状发展模式，主要经历了两次发展高峰。当前，我们正身处人工智能第三次发展高峰当中。

（1）第一次发展高峰（1956—1970 年）

1956 年，达特茅斯会议，人工智能这一概念被提出，标志着人工智能的诞生。1957 年，第一款神经网络算法 Pereceptron 诞生。这一时期的人工智能研究，主要集中赋予计算机逻辑推理方面的能力。1970 年，受限于算法和计算机处理能力，人工智能没能突破完成大规模数据训练，人工智能的第一个黄金期到此结束。

（2）第二次发展高峰（1982—1990 年）

1982 年德普霍尔德神经网络被提出，之后 BP 算法的出现使得大规模神经网络训练成为可能，人工智能的发展进入第二个高峰期。这一时期，大量的专家系统被开发出来，研究者们渐渐发现，专家系统只不过是一台执行知识库的自动化工具而已，离“智能”相去甚远。随着人工智能项目发展的不及预期，1990 年 DARPA 大幅缩减了研发投入，人工智能发展第二个高峰结束。

（3）第三次发展高峰（2006 年至今）

随着技术的发展，人工智能逐渐进入数据挖掘的时代。随着各种机器学习算法的提出和应用，2006 年“深度学习”神经网络取得了突破性进展，标志着人工智能进入了“深度学习”时代。2013 年，“深度学习”在图形和语音识别上取得成功，识别成功率分别超过 95% 和 99%。2016 年，AlphaGo 战胜李世石，棋类运动最后的“护城河”失守，人工智能发展迎来了第三次黄金期。

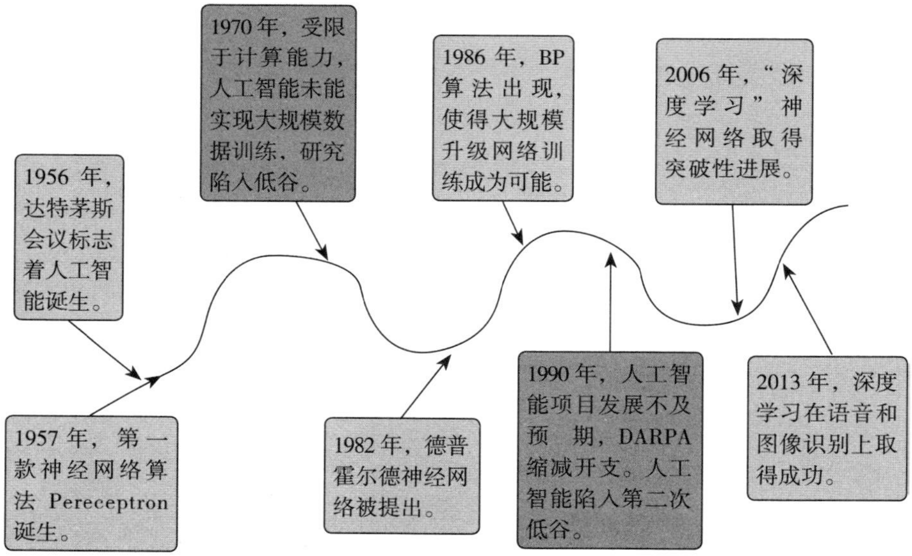

资料来源：公开资料，零壹智库。

图 4–7　人工智能发展情况图

2. 人工智能的实现层次

发展人工智能的目的，是系统用计算机实现目前必须借助人类智慧才能实现的任务，按照实现的难易度，可以划分为三个层次，分别为计算智能、感知智能和认知智能。

表 4-2 人工智能的实现层次

层次名	内涵解析
计算智能	通过诸如神经网络、遗传网络等算法的开发以及各类超级计算机的建设，帮助人们实现海量数据的处理和存储，是感知智能和认知智能的基础。
感知智能	帮助机器像人一样感知外界，获取信息，感知智能主要包括语音识别、图像识别等技术，感知智能是机器在部分场景应用领域进行深度学习的基础。
认知智能	人工智能的顶层技术，其目的是让机器能像人一样思考，主动采取行动，从而全面地辅助或替代人进行某项活动，其包括语言理解、联想推理、机器学习等方面。

资料来源：公开资料，零壹智库。

3. 人工智能的关键环节

人工智能的实现，涉及机器感知、思考、行动这几个主要环节。在感知环节，所涉及的关键技术包括机器听觉、机器视觉、机器嗅觉、机器味觉、机器触觉等。在思考环节，所涉及的关键技术包括机器学习、机器理解、机器思维等。在行动环节，所涉及的关键技术包括声音合成、情感计算、智能控制等。

（1）感知环节

感知环节包含感知设备及其处理所涉及的关键技术，主要目的是为了实现其对人感知能力的模拟以及拓展，包括听觉、视觉、触觉等人类感官的各个方面，涉及数据采集及数据初步处理。受限于不同领域关键技术的制约，人工智能在诸多方面并未获得人类感知系统的所有能力；另外，通过诸多技术的应用，机器感知可以探测到一些人类所无法感知的现象。当前人工智能感知环节的研究主要集中在机器听觉、机器视觉、机器触觉三个方向上。

表 4–3 人工智能感知环节技术

技术方向	主要内容
机器听觉技术	主要目的是实现声音识别，现阶段主要是语义识别。语义识别是实现智能家居、智能翻译、人机交互等人工智能应用的基础。
机器视觉技术	主要实现图像、视频的处理，是在自动驾驶、物体检测等领域发展的基础。在图像识别领域目前的发展重点是人像、虹膜识别。在视频识别领域，主要专注于研究动态图像处理。
机器触觉技术	一种复合传感技术，指机器通过自身表面的温度觉、力觉等传感器提供的复合信息，来识别物体的冷热、尺寸、柔软度、表面形状、表面纹理等特征。相关技术包括压电式触觉传感技术、压阻式阵列触觉传感技术、成像型触觉传感技术、超大规模集成计算传感阵列技术等。

资料来源：公开资料，零壹智库。

（2）思考环节

思考环节主要是利用算法理论实现人工智能对知识的学习、对问题的思考和对现象的理解等。因此，该环节主要包括机器学习、机器思维、机器理解等部分。

表 4–4 人工智能思考环节技术

技术方向	主要内容
机器学习	对所获取的各类信息进行处理，通过神经网络、深度学习等技术，挖掘出其中有价值的信息，为机器理解和机器思维提供基础信息，提升人工智能的思维和理解能力。
机器理解	通过各类算法的应用，对机器所获取的各类信息进行处理，在机器框架下理解其行为含义，主要包含声音理解、自然语言理解、图形图像理解、运动影像理解、行为动作理解等。
机器思维	在已获得的知识的基础上，利用各类算法进行推理，得出相应问题的解答。

资料来源：公开资料，零壹智库。

（3）行动环节

行动环节主要是实现思考环节的结果输出、执行与控制。整个行动环节的概念比较宽泛，当前较为成熟的应用主要集中在声音合成、智能控制等领域。

表 4–5　人工智能行动环节技术

技术方向	主要内容
声音合成	目前已经基本成熟，通过数字化频率控制，可以完美地实现声音模拟，自然语音合成技术能将任意文字信息实时转化为标准流畅的语音朗读出来。
智能控制	主要集中在工业和智能设备领域。各类智能机器人已经广泛运用于工业生产领域，而智能空调、智能清洁机器人等也广泛地被消费者所接受。

资料来源：公开资料，零壹智库。

4. 人工智能发展的三大基础

人工智能的高速发展，得益于算法 + 数据 + 算力的多重赋能。

（1）算法

算法是人工智能最核心的技术，是长期以来制约人工智能发展的核心因素，其直接决定了人工智能发展的深度和广度。人工智能的发展初期，符号主义学派认为人工智能主要体现在具备推理能力上，因而将机器定理证明作为人工智能研究的第一个切入点，这一时期的主要算法大都不具备学习能力或学习能力低下。

2006 年 Hinton 等人提出“深度学习”神经网络后，算法执行效率得以大幅提升，人工智能获得突破性进展。神经网络分为浅层学习和深度学习，浅层学习通常只有 2~3 层节点，较浅的节点深度只能完成简单函数的表达，完成一些先验性的统计和判断工作。而深度学习包含多层节点，同时具备自主学习能力，通过多层复杂模型构建和海量数据训练，使得模拟人脑解决问题成为可能。

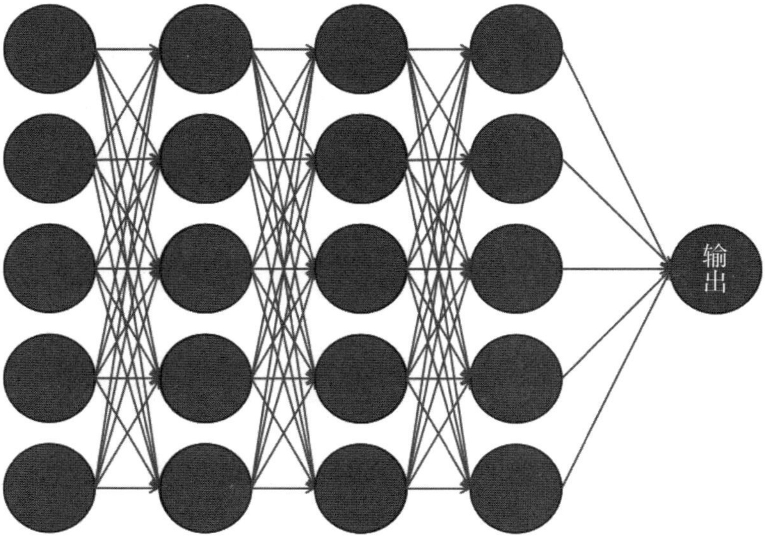

资料来源：公开资料，零壹智库。

图 4–8 深度学习算法结构图

（2）数据

人工智能水平的提升，离不开持续不断的机器学习，大数据的出现使得基于海量数据的机器学习成为可能。得益于移动互联网、社交媒体、移动终端和廉价传感器的大规模普及，人类社会采集到的数据量正急速攀升。根据 IDC 预测，全球数据总量将从 2016 年的 16.1ZB 增长到 2025 年的 163ZB（约合 180 万亿 GB），复合增长率为 26%。

大数据是人工智能发展的助推器，在诸多领域的人工智能应用中，通过将各类人工智能模型暴露在海量数据中不断“训练”，反复迭代优化。有了大数据的支持，深度学习算法输出结果会随着数据处理量的增大而更加准确。

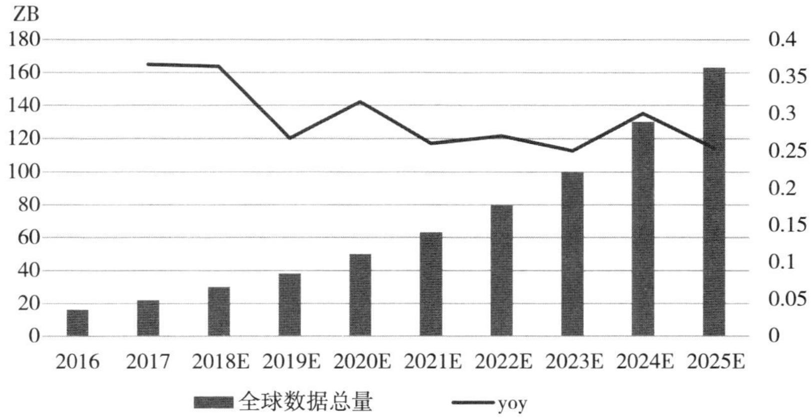

数据来源：IDC，零壹智库整理。

图 4-9　全球数据总量

（3）算力

人工智能的发展离不开海量数据存储和强大算力的支撑，云计算大幅降低了算力和储存资源的门槛和使用成本。海量数据分布式存储技术的运用，在大幅提高数据存储安全性的同时，极大地降低了数据的存储成本，30 年前 1TB 数据的存储成本大概为 16 亿美元，而如今通过云计算服务的存储成本不到 100 美元。

同时，包含 IaaS、PaaS、SaaS 在内的各类云计算服务的运用，大大促进了数据的集中化，为人工智能的发展打下了数据基础。

近年来计算能力指数级增长、成本急剧下滑也是人工智能得以快速发展的前提。GPU 的崛起是促使传统计算模式向更类似人脑的并行计算模式发展的重要元素之一，2009 年斯坦福大学的一个研究小组发现了 GPU 拥有超凡的并行计算能力，大幅拓宽神经网络的节点连接容纳能力，传统处理器需要数天才能完成的大规模并行计算，GPU 只需要数小时便可以完成。GPU 是计算机的图形专用处理器，过去通常被用于图形运算，其并行处理任务的能力从架构层面上契合了神经网络对于并行处理能力的需求，使得神经网络的处理能力大幅提升。

根据 KPCB 的数据，1990—2013 年算力成本平均每年下降 33%，存储成本平均每年下降38%。

（二）人工智能发展趋势

1. 应用导向发展

随着人工智能的发展，人工智能的研究分化出了符号主义、联结主义、进义主义、贝叶斯学派、类推学派等诸多流派。不同的学派按照各自对人工智能的理解和技术路线，以学术研究为目的开发人工智能。以学术研究为目的的人工智能探索在一定程度上促进了人工智能的发展和普及。但在市场环境高速变换和技术高速迭代的背景下，单纯以课题为导向的技术研发，越来越满足现实世界对人工智能的需求，导致理论研究与实际应用场景严重脱节，严重影响了人工智能对经济和社会发展的推动作用。

以应用为导向的人工智能研究，快速迭代的实践应用与技术开发形成相互正反馈。在金融、医疗、零售等领域，以实践为导向的人工智能开发，正在实现技术—产品—数据—技术的研发循环反馈体系，由学术拉动转向应用推动。大量的使用数据有助于分析技术的弊端，通过对技术的改进，提升人工智能系统的效率，用户得到优秀的服务后，进一步为系统开发提供大量的数据，为系统的持续迭代打下良好的基础。

2. 开源化合作平台

传统人工智能系统本地化的特征制约了人工智能系统的发展。以往人工智能专家系统多为基于本地化知识进行设计和开发，以知识库和推理机为中心展开设计，推理机设计内容由不同的专家系统应用环境决定，为特定环境设定的模型和运算机制，一般不具备通用性。同时，知识库是开发者收集录入的专家分析模型与案例的资源集合，在信息和数据高速迭代的今天，本地化封闭式的人工智能系统，已经越发无法跟上时代发展的步伐。

开源框架推动构建人工智能行业解决方案。随着人工智能行业的日益发展，开发工具的日益成熟，谷歌、百度、微软、亚马逊等企业均推出了自己的人工智能开放式合作平台，通过引入外部合作伙伴，生成适用于不同场景的人工智能系统和解决方案。开源式的人工智能解决方案，能有效地构建行业合作生态，借助行业内不同类型用户的数据，实现人工智能系统的快速迭代，提升人工智能系统的普适性，不断地提升人工智能系统的效能。

第五章　技术赋能，金融升级

第一节　互联网让金融进入生活

互联网技术与金融的结合，使得金融行业业态发生了深刻转化，并催生了互联网金融，在中国人民银行等十部委发布的《关于促进互联网金融健康发展的指导意见》中，将互联网金融定义为“传统金融机构与互联网企业（以下统称从业机构）利用互联网技术和信息通信技术实现资金融通、支付、投资和信息中介服务的新型金融业务模式”。

互联网与金融的融合是金融业发展的大势所趋，对金融行业的渠道、产品、服务、组织等方面产生了深刻的影响。其中最重要的是渠道的变革，互联网技术与金融行业的深度结合，打破了传统金融机构向客户提供产品的时空局限。对于企业而言，通过互联网技术拓宽渠道，打破了服务 / 产品提供对于线下网点的依赖，大幅降低了金融机构的获客成本，可以实现金融机构低成本的快速扩张。同时，依托互联网所提供的金融服务，可以使得金融服务更加贴近顾客的生活，由传统的存贷等简单业务向消费信贷、支付、餐饮娱乐、城市生活等维度扩张，实现了金融服务的场景化，使得金融更加贴近生活。

从渠道变革的角度看，金融机构的产品及服务销售渠道由传统的线下网点衍生为自营渠道、金融超市、电商渠道等几种模式。

一、自营渠道

自营渠道通常指金融机构依托自己搭建的网站或移动端 APP 销售自己的产品或服务，大部分有实力的银行、券商、保险、基金等金融机构都会搭建自营渠道。自营渠道的优势在于产品集中，有利于形成品牌效应，形成用户对于金融机构的深度品牌认知。同时，金融机构对于自营渠道有较强的管控能力，可以依托自营渠道的各种终端不断扩展服务和产品的维度。相对的，自营渠道的搭建成本相对较高，同时在搭建初期存在推广难度较大等问题。

二、电商渠道

当前，诸如淘宝、京东等大型电商平台都有着金融服务频道，金融机构可以通过这些平台集中销售自己的产品或服务。相较于自营渠道，依托大型电商平台超大规模流量的优势，可以实现金融产品或服务的快速销售。通过电商渠道销售，一方面金融机构对于渠道的把控能力较弱，在难以形成自身品牌形象的同时，容易受制于电商渠道；另一方面，金融机构难以获取真实用户数据、把握用户动向。

三、金融超市

金融超市大致上可以分为两类。一类是导航类，这一类金融超市只提供金融产品或服务的展示，为客户提供相关金融产品的各类信息，当用户需要购买时，页面将跳转到产品或服务的提供商的网站。用户的购买行为并不发生在金融超市，这类金融超市通常起到广告或引流的作用。

另外一类则是持有相对应金融产品销售牌照的金融机构专门搭建的小商铺平台。例如天天基金网，其为东方财富网旗下的网上金融超市，涵盖了各大基金公司的各类产品，用户可以直接在该网站上开立基金账户，通过网站直接购买各公司的基金产品。

第二节　物联网使人、钱、物合一

物联网的发展，对于金融行业的意义不仅限于信息获取渠道的开拓，更加深厚的意义在于通过物联网的使用，将物整合进金融服务体系当中，实现银行服务从“人”向“物”的拓展。当前物联网在金融行业中的运用主要集中在银行业和保险业。

一、银行业

在银行信贷业务的开展上，物联网的应用可以从业务的各个流程优化信贷业务的开展。在贷前调查方面，物联网能够全面反映物理实体的自然属性和行为属性，映射为更丰富、客观、真实的客户数据，同时通过物联网终端的接入，直接获取企业诸如客流、资产状况等信息，大幅简化了材料的报送环节，并有效保证数据的真实性，辅助银行进行贷前评价。在贷后管理上，诸如抵押贷款业务，抵押物的监控一直是贷后管理的一大难点，企业信贷业务人员往往难以真实地了解抵押物的现状，而物联网的应用，通过各类型传感器与抵押物直接关联，可以实现银行对于抵押物的实时监控，当抵押物发生异常时，银行可以及时获取预警，尽快识别并处理风险。

在支付业务上，当前的移动支付业务主要还是依托刷卡或者二维码等方式进行，支付还是消费者的主动行为，需要客户前往柜台进行商品确认并完成支付。在未来，随着物联网的发展，更加便利的支付手段应当是基于用户授权，实现在诸如公交、地铁、便利店等场景的无感自主支付。诸如在便利店，通过 NFC 等技术的应用，为每个产品赋予相应的电子标签，顾客无须去柜台排队，而是在离开门店时，物联网系统自动完成客户和商品识别，直接从授权账户扣除相应的货款，实现真正的无感支付。

在安防上，首先通过物联网技术的应用，可以将各类无线通信模块集成到安防设备内部，省去了安防设备相关通信线路的部署，极大地提高了安防设备部署的便捷程度和使用过程中的可靠性。其次在诸如金库、重要文件柜等关键设施上，通过物联网部署可以实现对其运行状况的实时监控，对于问题及时发现、及时处置。

在经营上，商业银行 ATM 大量投放以及无人银行新型网点建设为各类基础设施的维护带来的巨大的挑战，通过物联网的应用，可以实现与所有设备运营状况的实时监控，高效发现问题并通知技术团队对设备进行维护，大大降低了设备的故障率，为银行设施的服务水平带来了显著提升。

二、保险业

在保险领域，物联网可以广泛地应用于车险、健康险等领域。

在健康险领域，传统公司主要通过投保人的年龄和工作行业等信息来确定投保费用，投保人可能存在隐瞒事实等问题。在未来，保费的确定不再是基于年龄、行业等要素进行的简单分类，通过智能穿戴设备与保险的结合，保险公司可以在用户授权的前提下，采集用户诸如血糖、心率、活动规律、活动范围等信息，结合客户的职业、年龄、性别等信息，对客户的健康风险进行综合评定，实现真正的一客一价。

在车险上，传统保险企业主要以过往的理赔情况来确定车险的定价，难以真实评定使用风险。通过物联技术的引入，保险公司可以通过物联网与汽车的连接，真实地了解诸如汽车行驶里程、使用时间、行驶区域、驾驶习惯等信息。通过对这些数据的分析和评定，保险公司可以综合评定汽车使用存在的风险，实现车险产品的精准定价。同时，通过物联网对于汽车使用状况的实时监控，可以在汽车发生事故时，高效引导服务人员出险，并辅助保险公司降低车险欺诈的风险。

第三节　用大数据实现精准金融

一、银行业

当前大数据技术在银行业的应用主要体现在四个维度：

在征信上，传统征信体系中所采用的数据通常是按一定周期更新的静待数据，这类数据往往时效性较低，难以真实反映客户的信用现状，大数据征信可以有效地扩宽征信信息的采集和内容范围，大幅增加非结构化数据和动态数据的采集。借助大数据的优势，可以实现海量数据的采集和存储，深入地对各类征信信息进行挖掘和分析，提高征信服务的真实性和高效性。

在风险控制上，大数据的运用可以大致划分为两类。在宏观研判上，通过对各类型企业客户信贷数据、交易数据、现金流状况等情况的大数据分析，可以帮助银行更好地把握宏观经济及行业发展走向，针对性地制定信贷政策，规避系统性风险。于企业而言，通过海量数据对客户进行全方位的分析，高效把控信贷风险，如对于机构客户而言，综合分析该企业的所处行业、地位、竞争格局、市占率等综合数据，尽可能地降低信贷风险。

在营销上，通过对客户的状况进行全方位的大数据分析，通过对客户工作、消费、社交、爱好等多方面信息的分析和挖掘，针对性地提供理财产品和相关金融服务，同时有效把控各类型用户的实时动向，挖掘潜在客户，防止客户流失。

在经营上，通过对内部诸如经营成本、产品销量、主要客户等多类型数据的分析，及时发现银行在诸如业务流程、产品设计、网点分布上存在的问题，提升银行经营效率。

二、证券

在证券公司的业务中，大数据应用主要集中在以下几个方面：

（一）经纪业务

在证券公司的业务中，经纪业务是券商的基础业务，证券公司在充当客户交易媒介的同时，还需要为客户提供投资顾问服务，证券公司提供的信息主要包含宏观经济走势的分析、行业发展研究、上市公司研究报告以及股市走势分析等。基于大数据的投资顾问服务，通过大数据的应用，智能投顾通过对客户交易数据等信息的采集，通过海量数据的分析和挖掘，针对性地为客户提供资产配置诊断和投资建议。同时，大数据系统可以根据客户的收入状况、风险偏好、资产配置状况等信息，针对性地为客户提供增值服务和产品，实现精准营销。

（二）投行业务

证券公司的投资银行业务主要包括证券的发行与承销和收购兼并业务等。投资银行业务主要目的是满足融资方对于资金的需求和投资方对于优质项目的需求。证券公司在开展投行业务时也需要对海量的数据进行整理和分析。通过大数据的应用，证券公司可以利用大数据充分收集并分析相关标的的各类信息，以辅助确定发行价格、发行规模等关键要素，提升投资银行业务的盈利能力。同时，证券公司可以通过大数据对一级市场的各类市场行为进行海量数据分析，辅助投行业务实现业务创新，设计出切合市场需求的产品和服务。

（三）资产管理业务

证券公司的资产管理业务主要分为专项、集合、定向资产管理业务三个方向。资产管理业务通过接受客户资金或者资产的委托，设立资产管理计划进行运作，投资范围涵盖股票、债券、衍生品等多种产品。通过大数据的应用，证券公司可以对海量市场数据进行深度分析，帮助证券公司进行投资研判。通过对诸如市场交易情况、资金走向、舆论状况等数据的深度挖掘，可以帮助投研人员更好地了解市场预期、行业偏好、投资者信心等因素，更好地预测未来市场的走势，以提升资管业务的盈利能力，实现客户资产的保值、增值。

三、保险业

大数据在保险行业的应用对于保险业务的提升起到了颠覆性的作用。传统保险行业的定价体系是基于用户群体进行的，保险公司基于对整个受保群体的风险进行评估，得出产品的定价。通过大数据的应用，可以做到一人一价的差异化保险定价，保险公司通过对每个人的社交数据、通信记录、资产状况、交易记录等数据进行大数据分析，根据每个人的具体情况确定保险价格，使得保险产品的定价更具吸引力。

同时，在保险反欺诈方面，大数据也有着广泛的应用。例如在车险行业，传统保险行业的反欺诈主要通过客户或者第三方的举报，以及对部分理赔事项的事后抽检进行排查，大量的历史数据并未得到有效运用，耗时费工且效率低下。通过大数据反欺诈系统的引入，通过对历史案件出险时间、驾驶人员、车损情况、事发地点等关键要素的抽取，进行深度数据分析和数据挖掘，发现各要素之间的关联性，建立保险反欺诈系统，可以精准识别车险理赔案件中的异常情况，实现高效反欺诈。根据波士顿的调研数据，当前我国已经有超过 50% 的保险公司将大数据应用于欺诈检测。

第四节　云计算打造“节能型金融”

当前我国云计算市场处于高速发展期，据调研数据统计，2018 年我国云计算整体市场规模已经超过 800 亿元人民币，预计 2019 年我国云计算整体市场规模将突破千亿元大关。

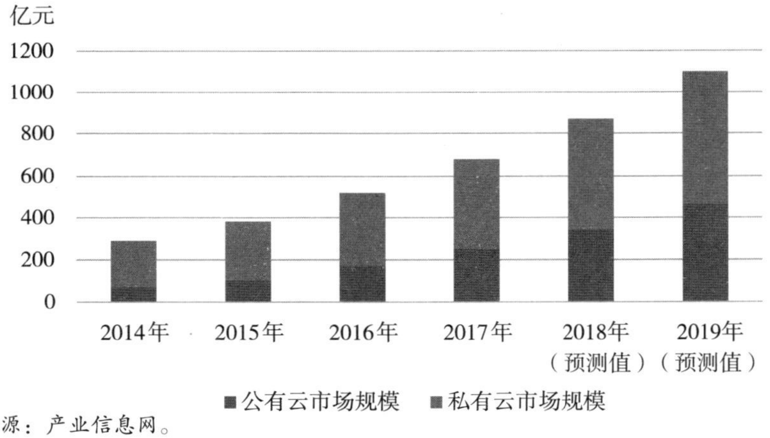

数据来源：产业信息网。

图 5-1　我国云计算市场规模

就云计算在金融行业的应用而言，当前的“金融云”市场，主要存在两个发展方向，一种是以往从事金融服务的传统 IT 企业，开始利用云的手段改造传统业务，实现自身的“互联网化”转型；另一种是互联网云计算企业借助自身的技术优势，积极地向金融行业拓展。

满足业务快速部署并符合监管部门要求是金融行业使用云计算的主要关注点。相关调查显示，近九成的金融机构已经或正计划应用云计算技术，其中，缩短应用部署时间、节约成本和业务升级不中断成为金融机构使用云计算的主要考量。

银行作为传统的金融机构，业务需求、安全需求、政策符合性考虑等有明显的行业特色。同时在利用云计算技术提高银行系统信息化管理能力，有效增强业务竞争能力方面有着更高的要求。中国信息通信研究院结合可信云服务评估方法和银行机构特点，制定了《可信金融云服务（银行类）能力要求参考指南》和《可信金融云服务（银行类）第1部分：场景需求与总体框架》等系列标准，从企业属性、风险管理、服务协议、技术实力、服务保障等方面提出要求，为银行上金融云选择可信的云服务提供依据，为面向银行类客户提供金融云服务的单位提供参考。

金融行业上云现状可概括为两方面：一是互联网金融和辅助性业务优先上云，互联网金融系统包含微贷、P2P、消费金融等相关业务，由于其系统需要新建，历史包袱相对较轻，并且天然的互联网业务特性也比较适用于云计算相关技术；而辅助性业务系统安全等级较低，系统问题不会导致巨大的业务风险。二是不同类型的金融机构对云计算的应用路径存在较大差异，比如大型银行由于传统信息化基础设施投入大、有专职技术部门、安全要求更加谨慎等原因，一般选择沿用采购软硬件产品自行搭建私有云并独立运维，而中小银行由于“缺钱少人”等原因一般不会选择私有云部署模型，更倾向选择行业云。[①]

一、银行业

对于银行业而言，金融云的引入对于其业务能力的提升主要集中在以下几个方面：

（一）提升银行的资源能力

银行业务规模的日益提升对银行业的数据处理以及存储能力提出了越

---

① 中国信息通信研究院：《2018年云计算发展白皮书》，2018年8月。

来越高的要求，云计算依托众多的服务器和强大的算力以及存储能力，可以为银行业务的拓展提供可靠的资源能力支撑。同时，云计算体系的搭建，可以很好地解决金融行业数据的容灾备份问题，即使部分服务器出现问题，云端可以在极短的时间内实现数据的转移，并划拨新的资源提供服务，大幅提升银行服务的稳定性。

（二）提升资源使用效率

在效率提升上，云计算对于金融行业效率的提升主要体现在两个维度上。就企业内部而言，通过内部私有云的搭建，云计算通过虚拟化技术实现算力、存储等资源的分割，从而达到运营过程中充分利用内部资源的目的。在外部上，为了应对高峰时期的业务处理和数据存储需求，银行可以根据自身的需求和业务特性，向云服务商按需采购云计算服务，实现算力、存储资源的弹性获取。

（三）降低银行成本，提升管理能力

随着银行业务的不断发展，银行业需要不断地开设分支机构。为此，银行需要在各个地区购买大量的计算设备，并聘请众多 IT 相关人员，使得银行的运营成本急剧上升。通过云计算技术的应用，可以在云端实现各分支机构支撑体系的快速部署，大量地节省了设备的采购和人力资源成本。同时基于云端的统一部署，可以实现各分支机构运营数据的高效归集，便于即时获取各分支机构运营情况，提升管理效率。

二、证券业

从券商的角度来看，云计算的运用对于证券公司的发展具备颠覆式的意义。经济业务是证券公司的基础业务，证券公司通常具有网点分布广、业务类型多等特点。为了向客户提供诸如理财服务、投研服务、咨询服务等业务，证券公司需要部署越来越多的信息系统，同时，金融行业的特性又对系统建设的速度和系统的稳定性提出了更高的要求，机房、硬件设

备、运维人员急速膨胀。在激烈的市场竞争环境下，证券公司需要持续地投入对投顾平台、核心清算系统、网上交易系统、客服系统进行建设。

通过云计算的引入，证券公司通过搭建混合云，一方面，将客服系统、投顾系统等非核心系统迁移到云服务商体系内，在有效降低机房运维成本的同时可以实现新建营业部系统的快速部署和接入；另一方面，通过内部私有云的建设，在实现内部数据统一管理、高效应用的同时，可以大幅提升核心数据的安全性和稳定性。

三、保险业

云计算最重要的特征和作用，就是彻底解决了海量数据存储、并行计算和数据挖掘等问题，并通过应用的形式向客户提供服务，结合保险行业的经营特点，云计算可以在保险业目前的转型发展中发挥重要作用，为满足保险公司的现实业务需要提供有益的帮助。

（一）满足 IT 基础设施物理升级的需要

一般来说，大多数保险公司的数据存储是按照业务开展的地域或业务分布分散化处理，各地分公司的业务系统一般由当地分支机构自行搭建。随着业务量的增加，保险公司必须不断扩容硬件体系来满足业务需求，这种发展模式存在硬件资源使用效率不高、维护成本高等问题。通过云计算搭建的数据处理中心，可以弹性扩充数据处理系统，减少运维人员的数量，降低后台 IT 系统的建设和维护成本；同时，数据中心的建立可以实现各类业务的高效归集和管理，为基于大数据的保险业务开发和管理提供数据基础。

（二）满足数据处理能力和安全性要求

无论是承保、核保、理赔等业务数据，还是员工管理，业务信息等管理数据，随着业务公司规模的扩充和业务体量的增长，数据沉淀也会呈现指数级增长。海量的数据存储、访问、处理等需求，对保险公司 IT 系统的处理能力、扩充能力和稳定性提出了越来越严苛的要求。通过云计算体系的搭建，可以弹性扩充后台算力和存储资源，必要时还可以引入外部云服务商资源，满足日益增长的业务需求。同时，基于云端的数据管理系统，可以实现数据的统一管理和调配，通过容灾备份等体系的搭建，为数据的安全和系统的稳定提供有力的保障。

第五节　区块链打造可信赖金融

一、银行业

（一）新型清算体系搭建

区块链的运用，辅助银行完成整个交易 / 清算体系的去中心化，大幅提升整个系统的稳定性和效率。例如在清算、结算业务上，区块链技术对银行的转账汇款业务具有里程碑式的改善。与传统银行在清算业务上各自记账，最终通过清算中心核对的中心化清算模式相比，去中心化的清算体系有效避免了清算中心被攻击的风险，大幅提高了整个清算体系的稳定性和容错度；同时，区块链分布式清算体系具备防止篡改、实时同步等特点，在有效防止交易记录被篡改的同时，可以大幅提高资金结算、清算效率，降低银行各类业务的响应时间。

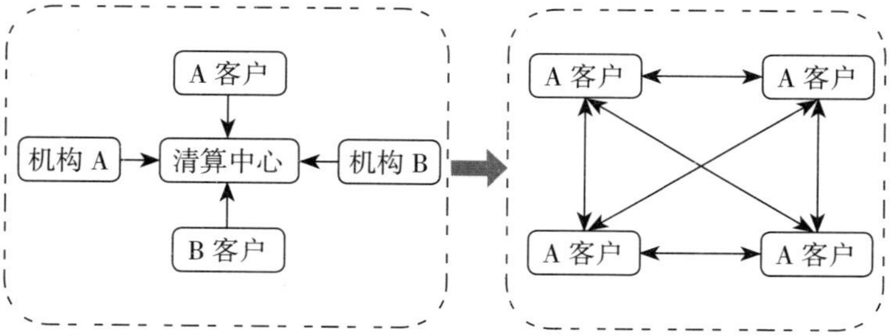

图 5–2　传统清算体系和区块链清算体系差异

（二）助力供应链金融发展

在供应链金融上，供应链金融的主要参与方包括以商业银行为代表的金融机构、供应链核心企业、中小企业及第三方服务方。供应链金融产业发展的痛点在于，整条供应链的商流、信息流、物流、资金流无法有效打通和共享，信任不易建立，导致信任传导困难、流程繁杂、增信成本居高不下，这也导致了供应链上的中小企业不易融资，融资成本高昂。区块链可实现供应链金融体系的信用穿透。首先可实现对核心企业的确权，对票据真实性的核对与确认；其次是债权凭证流转的真实有效性的确认，使信用可沿供应链条有效传导，降本增效。

二、证券业

作为资本市场的重要参与者，我国证券行业是资金直接融通的枢纽，对我国经济发展具有重要意义。在经济转型和产业升级背景下，证券业在服务实体经济、行业发展方面也面临新的机遇和挑战。首先，随着市场和产品的创新发展，证券审批领域的寻租腐败方式也更加多样。涉及证券市场的很多案件是通过结构化产品、股权代持、期权等较为隐蔽的手段进行利益输送。其次，在传统证券交易中，证券所有人发出的交易指令需要证券经纪人、资产托管人、中央银行和中央登记机构这四大机构依次进行处理，整个流程较为复杂，效率较低。最后，在资产证券化领域，传统模式下，ABS 业务链条较长，包括基础资产的转让出表、基础资产的打包发行、为 ABS 提供财产担保等，其涉及的资产也较多，包括基础资产、担保资产、ABS 份额等，面临着资产现金流管理有待完善、底层资产监管透明性和交易效率亟待提高。

（一）IPO 发行模式转变

区块链技术为我国证券行业的发展成熟创造了契机。在证券发行方面，一方面可以将证券发行、分配、交易等行为电子化，提升发行效率。在区块链平台上发行的智能证券，以数据形式存储其信息和运转状态，将各种金融工具和相关的合同协议进行建模，使得复杂的金融工具操作流程自动化，提升了发行效率。另一方面将减少信任成本。在信息披露方面，区块链的交易信息透明化可以实时暴露多种曲线敛财的违法行为。除了传统的信息披露外，可以通过区块链把 IPO 业务过程中的信息提供给市场参与者和监管部门，方便监管部门、社会中介机构便捷地对数据进行查询、比较、核验，进一步提升公司 IPO 的透明度。

（二）助力资产证券化

在资产证券化领域，基于区块链技术支持的 ABS 具有以下优势：第一，有利于改善 ABS 的现金流管理，具有自动账本同步与审计功能，能有效缓解信息不对称；第二，利用智能合约功能实现款项自动划拨、资产循环购买和自动收益分配等功能，降低人工成本与出错率，从而提升现金流的管理效率；第三，区块链技术可助推 ABS 底层资产穿透。区块链技术应用于 ABS 领域，可以提升 ABS 底层资产的真实性，从而穿透底层资产。这样能更有效地监督金融机构适度使用金融杠杆，合理地利用 ABS 手段。

三、保险业

在保险经营过程中，信用是基础，而传统的“社会信任”模式已经难以适应社会和经济发展的需要。保险标的是保险利益的载体，是保险合同的基础，也是经营管理的主要对象。“唯一性”是保险标的管理的基础和重点，也是保险承保和理赔定损的难点所在。每年全球艺术品和收藏品的伪造和诈骗行为给保险业带来 20 多亿美元的损失，传统技术手段难以防范。

在区块链的应用背景下，其分布式和加密技术特征，结合相关识别技术，可以为身份“唯一性困境”提供解决框架和实现路径，确保数据和信息真实可靠，有效溯源，为防范保险欺诈提供有力技术保障。利用区块链的时间戳和分布式特征，结合物联网技术，可以为时间和空间范畴内的保险唯一性的解决提供全新的可能。同时，还可以打破时空的局限，实现基于区块链的跨时空的信息管理，为保险产品和服务创新，特别是场景化和碎片化的创新奠定基础，构建基于风险标的更加细化和动态的保险解决方案，实现个性化和高效的保险服务。

第六节　人工智能减少人的错误、提升金融的效率

随着工信部《促进新一代人工智能产业发展三年行动计划（2018—2020 年）》以及国务院《新一代人工智能发展规划》的发布，我国人工智能行业的发展正进入新阶段。随着机器学习，深度学习等人工智能技术的不断成熟，人工智能技术将深度应用于金融行业的各个领域。

一、银行业

在人工智能高速发展的今天，人工智能技术对于金融行业将产生颠覆式的变革。人工智能的应用将彻底重构银行业的服务生态，大幅提升银行业的管理水平。

（一）转变银行服务模式

银行是金融行业，同时也是服务性行业。银行的服务人员是银行大多数业务开展的基础。传统银行业的获客成本极高，需要大量的人力资源投入来实现客户渠道的拓展和客户需求的发掘，随着银行业务的日益多样和银行主要服务对象从机构向长尾群体的转化，传统客服人员越发难以满足银行业务的发展需求。随着人工智能技术的发展，智能客服的出现将深刻地转变银行业的服务模式，基于后台专业知识库支撑和深度学习的人工智能客服系统，将在客户发掘、客户沟通、客户服务等环节扮演重要角色，为庞大的客户群体提供高效的、个性化的服务，大幅提高服务的专业程度和服务效率，优化客户交互体验。

（二）提升银行业数据运用能力

人工智能和银行业的深度结合，将有效提升银行业的管理水平和经营效率。银行多年的经营积累了大量结构化和非结构化的数据，传统的数据应用往往仅限于结构化的数据，大量非结构化的数据在耗费大量存储空间的同时，其蕴含的价值并未得到有效开发。基于深度学习的人工智能技术为这类数据价值的发掘和运用提供了基础，通过人工智能系统对大量数据的梳理和分析，可以有效地发现这类非结构化数据中蕴含的价值，为银行的经营管理、产品开发、精准营销提供有力的数据支撑。

（三）风控能力的提升

基于大数据、人工智能等新技术手段建立的智能风控模型将大幅简化信贷审批流程。智能风控模型通过海量数据的处理和收集，可以实现对用户的精准画像、精准风险评级以及智能反欺诈，有效降低信用风险。另外，机器学习通过不断地更新迭代、算法优化，使得风控体系可以根据不同的整体经济环境进行智能调整，以适应不同的市场环境。同时，智能风控强大的运算能力可以实现信贷的智能授信，高速审批，将原本数天到数月的信贷审批流程缩短到数分钟甚至秒级处理。

二、证券业

证券行业是一个充满博弈的行业，投资决策的作出依赖大量信息的收集、整理和分析。人工智能在证券行业的运用主要集中在以下三个方面：

（一）智能投顾

投资者参与证券市场的主要目的是为了实现财富的保值、增值，因此客户期望能从证券公司获取专业化的投资咨询服务。传统的投资顾问服务模式，一名客户经理往往需要服务数十乃至上百位客户，同时投资顾问的水平往往参差不齐，难以针对性地为客户提供专业化、个性化的投资建议。而基于人工智能的智能投顾，可以较好地解决这些问题，智能投顾依托专业化的投资理论和海量的数据收集、处理能力，通过机器自主学习、迭代，可以不断地根据市场现状和客户的风险偏好、资产状况等特征，为客户提供专业化、个性化的资产配置建议。

（二）智能投研

投资研究业务是券商的传统业务之一，传统的投资研究业务主要靠券商的研究部门为机构或者高净值客户提供研究、资讯等服务，以换取分仓佣金，盈利模式较为单一。投研人员在研究业务中，需要投入大量的时间在数据的收集、整理以及大量的诸如行业周报等重复的工作中。面对激烈的行业竞争压力和持续上升的高端人才雇佣成本，券商亟须将投研人员从这类事务中解脱出来。基于人工智能的投研辅助系统，通过与OCR识别技术、语义识别等技术的运用，系统可以自动完成诸如企业报表、企业公告、行业数据、新闻热点、政府政策等资讯的分析和梳理，提炼出关键信息，并自动根据模板输出简要分析报告，投研人员只需要对报告进行校对和二次编辑即可，大幅提高了投研人员的工作效率。

（三）量化交易

在交易上，投资策略的制定往往与研究人员的个人偏好、从业经历、专业水平等因素息息相关，其主观偏见、情绪状况都将对交易结果产生影响，容易造成投资决策的偏差。量化交易的出现，采用现代数学、统计等方法，以算法指导取代人工决策，以克服认知偏差、情绪波动等问题。但传统的量化交易往往过于机械化，难以根据市场状况做出实时调整，使用成效不尽如人意。

人工智能与量化交易的结合，将量化交易带入了全新的阶段。投资策略从确定的模型变为智能变化的模型，不同于传统模型对于同类事件的固定性决策，基于人工智能的智能交易系统，在面对同类事件时，会根据市场状况、舆论状况等多种因子对策略进行调整。同时，可以根据投资结果不断地自我优化学习，迭代投资决策模型，以适应不断变化的市场。

三、保险业

（一）提高客户服务效率

保险业的客服人员具有技术密集和劳动密集的双重特性，客服人员需要有深厚的专业知识储备，以应对各类客户的各类咨询和业务办理需求。较大的工作压力和较高的专业要求造成了保险人员的招聘难、培训难、流动性大。人工智能客服系统的引入，基于其后端强大的专业知识库支撑，为客户提供专业的信息服务，将保险客服人员从诸如产品介绍、业务查询等简单、重复性的事务中解脱出来，降低企业对于客服人员的需求，减轻客服人员的工作压力，提升其服务效率。

（二）提高风控水平

风险管理一直是保险公司经营中的一大难题，随着市场环境的变化，保险类型和面对的客户群体日趋多样，传统的风控模式的不足越发暴露，已经难以满足保险行业对于风控的要求。人工智能的应用无疑将对全新风控体系的构建起到巨大的推动作用，例如在反欺诈领域，人工智能系统通过对历史案件诸如时间、相关人员、时间类型等关键要素的深度分析和自主学习建立的智能反欺诈系统，可以高效地发现保险理赔中存在的异常状况并发出预警，辅助保险公司尽快介入调查，有效提升保险反欺诈的调查效率，规避骗保等现象的出现。

Part 3

营销篇

第六章　营销要精准，要自动化

第一节　指哪打哪的“智慧”

随着移动互联时代的到来，营销转向线上化，客户需求与习惯发生深刻变化，高成本、低效率的传统营销模式已经无法满足当前环境下金融机构的发展需求。随着金融科技的发展，营销迎来智慧化转型，传统营销逐渐走向智慧营销。

所谓智慧营销，就是依托大数据、人工智能等新兴技术，从海量客户数据中分析挖掘营销价值，从而实现自动化、智能化的精准营销。简单来说，就是运用新兴技术手段，在合适的时机，通过合适的渠道，在合适的场景，把合适的产品或内容，营销给合适的客户。

1. **个性化营销：**根据用户属性、行为轨迹、资产状况等用户数据与标签，对客户进行定向广告投放与活动推送，智能匹配推荐合适的产品。
2. **实时营销：**通过对客户以往历史数据，以及客户的实时状态如所在地、最近一笔消费等进行分析，预测客户未来行为，针对性地进行营销。
3. **交叉营销：**从产品、客户出发，分析产品、客户的特征，对存量客户进行交叉销售，实现产品与客户的精准匹配，提高客户满意度，增强客户黏性。
4. **场景化营销：**将营销嵌入用户所处具体场景，实时感知预测客户需求，营销在需求创造、需求引导、需求认知、寻找信息的阶段就开始介入，介入时机更加前置化。

资料来源：公开资料，零壹智库。

图 6-1　智慧营销常见的营销方式

常见的智慧营销方式包括个性化营销、实时营销、交叉营销、场景化营销等模式，并且在实践中往往采取多种营销方式组合使用的方式以提升营销效率。

与传统营销相比，智慧营销是金融科技带来的迥然不同的新型营销方式，这一新型营销方式具备以下几个特点：

一、数据驱动

金融科技的发展带动信息技术手段、数据分析手段不断发生变革，数据成为支撑营销决策的重要因素。

在数据基础上，智慧营销突破了传统营销的“小数据”和单一维度。传统营销中通常会采用抽样调查的方法获得数据，这一抽样数据可以说是“小数据”，存在抽样误差、存在时滞等诸多局限性。同时，传统营销数据维度较为单一，主要停留在客户的单一属性和维度，比如年龄、职业、性别、工作单位、购买行为等。而智慧营销以大数据为基础，数据体量、丰富度、及时性远远超过以往。得益于数据采集、存储等技术的发展，智慧营销可以获取海量结构化与非结构化、线上与线下、历史与实时等多维度、全方位的数据。

基于对海量多维度、全方位数据进行处理、分析，智慧营销得以挖掘数据背后的关系和模式，揭示过往规律、预判未来趋势，并借此制定与调整改善营销策略，预测未来的营销方向，对产品进行前瞻性和预见性的创新，彻底改变以往依靠直觉进行营销判断的情况。

二、渠道多样化

大数据时代，“渠道为王”，营销原有单一渠道转向多渠道乃至全渠道：营销渠道不再局限于线下，而是利用互联网与各种移动终端，不断拓展线上渠道，并通过线下、线上多样化营销渠道的深度融合，实现全渠道和全产业的营销合作，让客户可以随时随地享受金融服务，提高客户黏性。

三、产品个性化

传统营销模式下，金融产品的设计，往往未对市场进行充分的调研，难以匹配客户的真实需求，大众接受度不高，大大增加了营销的机会成本。而在智慧营销模式下，金融产品的设计是个性化的，它来自于在充分了解客户需求的基础上对客户进行科学的细分，满足了客户的“私人定制”需求。同时，客户可以通过多渠道的互动和沟通，更加直观地了解、选择最适合自己的金融产品。

四、营销精准化

智慧营销可以充分利用多维数据进行分析观察，构建全面系统的用户画像，通过系统模型分析客户风险偏好、消费习惯、兴趣爱好等，洞察用户需求，将产品与用户诉求匹配，并在合适的时空主动向客户推送，打破了传统营销千篇一律、广撒网的营销方式，真正实现了个性化营销、千人千面。

同时通过客户管理系统，可以对客户群体进行分类，甄别出优质客户、潜在客户、有流失倾向的客户等客户类别，采取针对性的营销策略，实现客户生命周期价值最大化。

五、流程自动化

智慧营销下，营销流程可以实现高效自动化闭环。从营销活动的发起、执行，到反馈、分析、调整，这一系列流程覆盖了产品和服务的整个生命周期，而通过对营销过程中各个环节的用户留存、转化等效果的评估，可以洞察用户的真实需求，为新一轮的营销活动提供参考和指引，实现营销流程的循环。

同时，将线上、线下的营销渠道纳入监测体系，采集所有环节的用户数据，在营销活动执行完毕、成功实现产品或服务销售后，继续追踪用户行为，捕捉后续相关数据，可以实现整个闭环的数据采集、存储、挖掘，并将得出的分析结果应用于下一步的产品开发、营销活动、客户服务等业务中。

第二节　关键环节，智能优化

智慧营销的实现主要包含四大关键环节：数据采集与分析、用户画像构建、营销活动管理以及营销信息反馈优化。

资料来源：公开资料，零壹智库。

图 6–2　智慧营销的四大关键环节

一、数据采集与分析

多平台数据的采集与分析是智慧营销的基石。移动互联时代，用户在多平台留下了海量可供分析的数据，包括用户的静态信息数据和动态信息数据。静态信息数据是指用户相对稳定的信息，主要包括人口属性、商业属性等方面数据，这类信息自成标签，如果企业有真实信息则无须过多建模预测，更多的是数据清洗工作。[①] 动态信息数据是指用户不断变化的行为信息，其中包括用户偏好、消费习惯、用户实时数据（实时变化的行为数据：实时地理位置、消费行为等）等用户行为数据。

因此，大数据背景下，企业能够获取到的数据维度更多，信息更全，而数据类型的多样性以及数据来源的差异化是影响数据质量乃至数据挖掘效果的重要因素。

二、用户画像构建

用户画像的构建是智慧营销的重中之重。用户画像，即用户信息的标签化，是企业通过收集、分析用户数据后，抽象出的一个虚拟用户，可以认为是真实用户的虚拟代表。用户画像的核心工作就是为用户匹配相符的

① 席岩、张乃光、王磊等：《基于大数据的用户画像方法研究综述》，《ICTC 论文集》2017 年 10 月，第 39 页。

标签，通常一个标签被认为是人为规定的高度精练的特征标识①。

以拍拍贷（信也科技集团旗下借贷品牌，下同）为例，在其存量用户中，70%的用户是20岁到40岁之间来自二三四线城市的男性，可以称其为“小镇青年”，他们是传统金融机构未触达或未充分满足需求的人群。“小镇青年”这一标签就是对该客群的高度概括。

利用用户标签属性，可以对用户多方面的真实个人特征进行描绘勾勒，描述用户相关的兴趣、习惯、行为及偏好，抽象出用户的信息全貌，构建一个360°的立体画像。根据用户画像的不同标签，可以进一步精准、快速地预测用户行为、消费意愿等重要信息，为精准获客与营销提供依据。

资料来源：公开资料，零壹智库。

图6–3　基于大数据的用户画像构建流程

三、营销活动管理

依托数据资源和用户画像，可以利用智能营销引擎，通过线上、线下多渠道，精确地将产品或服务触达目标人群，而针对这一过程的管控就是营销活动的管理。其中渠道投放是根据每一类目标人群的用户画像来选择的，既可以包括获客渠道，也可以包括品牌营销渠道。

---

① 牛温佳：《用户网络行为画像：大数据中的用户网络行为画像分析与内容推荐应用》，电子工业出版社2016年版。

营销活动管理的核心在于直击有需求的用户，然后再提供相应的产品和服务，通过这种针对性的营销，才能够实现更好的销售量、成交量。

四、营销信息反馈优化

通过对营销活动的全流程监控，可以及时反馈渠道投放效果、营销触达与执行效果。根据反馈的数据与信息，测算渠道价值，量化评估整体营销效果，并以此为依据对渠道、产品、服务等进行优化改进，逐步提高营销的精准度。

【案例分析】信也科技自动化营销系统[①]

在日常工作中，营销人员经常需要进行各类营销活动。有时线上有时线下，有时要通过不同渠道触达用户（比如短信、APP、微信等），并且目标用户也需要根据特定的活动或特定标签进行筛选，有些活动是一次性，有些则是周期性的。开展活动之后还需要进行效果跟踪。

为了让营销活动过程变得更加便捷，整合营销渠道，实现营销活动闭环管理，同时打通所有营销活动底层数据，信也科技设计了自助化营销数据产品。由于信也科技是基于用户画像的底层数据进行标签筛选，那么再进行大量的活动测试和数据分析后，可以逐步达到精准化营销的目的，并且为数据驱动运营打下基础。

（一）技术架构搭建

系统后端主要采用的是 springmvc+mybatis 的基础架构，采用 spring aop 对权限和系统日志监控。采用 spring quartz 定时框架进行分布式的 job 运行。

对于数据量大、维度多、实时计算慢的问题，信也科技用 hive 进行数据预处理，每天双写导入 mysql 和 elasticsearch，mysql 主要用于定时 job 启

---

① 拍黑米：《首次公开 | 拍拍贷自研自动化营销系统》，2018 年 3 月 16 日，见 https://mp.weixin.qq.com/s/x4fJV4yK96-R7k98rdBbDg。

动时用户画像数据和自定义数据等多种组合方式筛选出的用户画像数据。Elasticsearch 主要用于基于用户画像数据的维度分析，主要包含了性别、职业、年龄、学历、注册来源、婚姻状况、地域等。

（二）主要功能点

信也科技自动营销系统 Web1.0 版本集中了自定义营销活动、渠道、外部数据、日志四大模块。

其中在自定义营销活动中，对于底层用户画像，信也科技会从维度和指标两个角度对规则进行设定，用户在前端页面通过拖拉拽的方式直接设定规则及阈值，系统自动筛选出符合的人群，保存为模板，下一次相同条件可以复用。然后通过交、差、补等多种操作方式对模板数据、外部自定

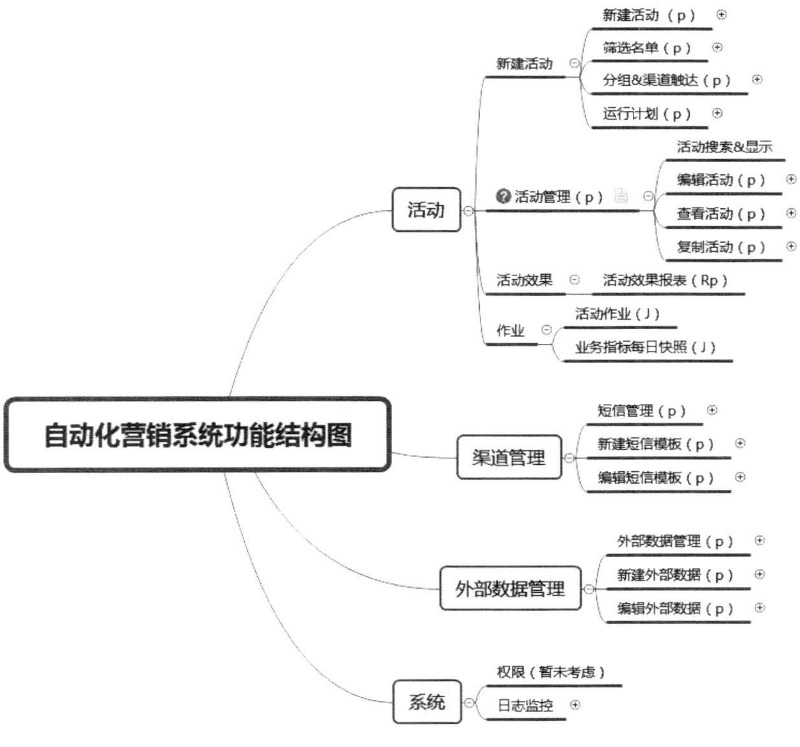

资料来源：信也科技，零壹智库。

图 6-4　自动化营销系统功能结构图

义数据、以往活动营销数据进行筛选。对于筛选出的人群可以进行分组，比如最常见的优惠券和对照组，以便后续观测发放优惠券的方式对营销所起到的效果。

在日志分析中，营销比较在意的是营销的方式能不能达到它所期望的效果，在自动化营销的过程中，系统会把每一次job、每一次分组、每个渠道所产生的名单都记录下来，然后实时同步到kudu、T+1同步到impala，通过实时和离线相结合的方式对人群的各项指标进行分析，从而总结出更好的营销方式。

（三）业务应用

这套自动化营销的系统已经在拍拍贷借出部门推广使用，主要用于沉睡老客促活、流失老客营销、新客教育引导、促进未认证新客转化等方面。

1. 新客教育引导测试

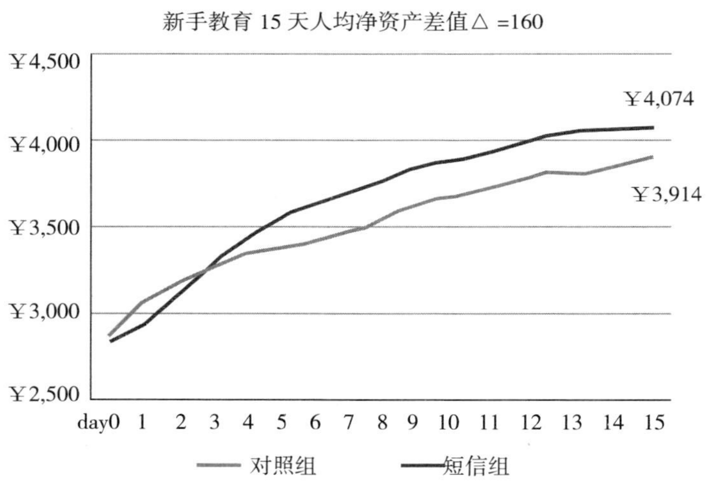

资料来源：信也科技，零壹智库。

图 6–5　短信组 VS 对照组：15 天人均净资产差值

2. 沉睡老客促活测试

- 方案：老客进入沉睡状态的当天，发放优惠券进行促活刺激
- 优惠券：百分比彩虹优惠券，面值 88，抵扣率为千分之八

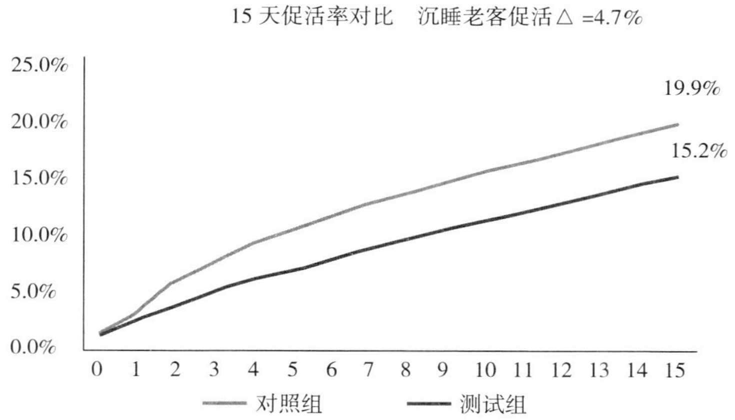

资料来源：信也科技，零壹智库。

图 6-6　测试组 VS 对照组：15 天促活率

自助化营销属于 CRM 的一个组成模块，信也科技后续会在此基础上继续扩展和延伸，建立一套以客户全视图数据和各种中间服务模块（比如渠道整合、规则引擎等）为基础，以获客、客户维护（客户生命周期管理）为目标，并最终借助数据分析和数据挖掘进行智能决策的客户关系管理系统。

第七章　实战：智慧营销的应用

第一节　为用户画像

大数据时代下，金融用户的一切日常行为都可以被“数据化”，通过用户画像的构建，可以更好地勾画用户诉求、描述目标用户，从而帮助精细化地触达用户，实现精准营销。金融行业构建用户画像所需的数据基础相当庞大，其中不仅包括金融相关数据，比如年龄、职业、收入、学历、工作单位、房产、还贷记录等，还包括网购交易数据、社交行为数据等三方数据。基于多维度的海量数据，通过建模和分析，才能从中抽象出目标客群的特征，达到数据可视化、特征标签化，进而完成用户画像的构建。

具体来说，基于大数据的用户画像的构建需要经历以下四个阶段：[①]

一、数据获取

第一步是获取用户授权的基础数据，通常是人为规定的高度精练的特征标识，如年龄、性别、地域、用户偏好等。

人口属性

姓名、性别、年龄、电话号码、邮箱、家庭住址等都属于人口属性信息。用于描述一个人基本特征的信息，主要作用是帮助企业知道客户是谁，对客户群体进行初步的分类。

信用属性

客户职业、收入、资产、负债、学历、信用评分等都属于信用信息，用于描述用户收入潜力和收入情况，支付能力。帮助企业了解客户资产情

① 拍拍信：《大数据时代用户画像的绘制及应用》，2018 年 6 月 30 日，见 https：//mp.weixin.qq.com/s/RWCesevQFxxSL5L1JEKkzQ。

况和信用情况，有利于定位目标客户。

消费特征

用于描述客户主要消费习惯和偏好。帮助企业依据客户消费特点推荐相关产品和服务，提升营销转化率。为了便于筛选客户，可以参考客户的消费记录将客户直接定性为某些消费特征人群，例如差旅人群、境外游人群、餐饮用户、汽车用户、母婴用户、理财人群等。

行为偏好

兴趣爱好的信息可能来源于社交信息、客户位置信息和应用安装以及浏览网站信息等。用于描述客户具有哪方面的兴趣爱好，在这些兴趣方面可能消费偏好比较高。客户兴趣可以帮助企业了解客户的消费倾向、活跃平台、个人习惯，辅助定向营销。兴趣爱好的信息可能会和消费特征中部分信息有重复。消费特征来源于已有的消费记录，但是购买的物品和服务不一定是自己享用，而是代表本人的真实兴趣，例如户外运动爱好者、旅游爱好者、电影爱好者、科技发烧友、健身爱好者、奢侈品爱好者等。

言论信息

用于描述用户在社交媒体的评论，这些信息往往代表用户内心的想法和需求。例如客户询问上海哪里好玩？房屋贷款利率哪家优惠？哪个理财产品收益高？

二、数据分析

从使用场景出发，进行数据维度分解和列举。根据相关性原则，选取和战略目的相关的数据维度，避免产生过多无用数据干扰分析过程。比如互联网金融的分析体系就可以从用户属性、经营数据、运营数据的角度对数据进行清洗分类。

三、数据建模

对用户画像进行数据建模，结合客户实际的需求，找出相关的数据实体，以数据实体为中心规约数据维度类型和关联关系，形成符合客户实际情况的建模体系。

该阶段是对上阶段处理后的数据进行建模过程，抽象出用户的标签，进而预测出用户潜在的行为及偏好标签。在这个阶段，往往需要用到不同的算法模型来为用户贴标签。不同的业务与数据，采用的算法模型也会有所不同，需要针对具体情况做好数据分析与特征处理工作，然后再选择比较合适的几种算法做实验，通过不同算法模型的实验结果与性能对比来选择最合适的模型，有时还可以通过模型融合的方式来提高预测精确度。

用户标签建模之后，需要再进一步深入将用户画像基本成型并更新。通过用户的基本信息、行为信息、兴趣偏好结合资源及上下文等信息对用户进行标签化，还可以根据业务需求将标签进行分层，使用户画像基本成型，再补充上一阶段预测的新标签，实现对用户画像的完善与更新[①]。

四、可视化展示

最后将分析结果进行可视化的展示，针对不同角色人员的需求（如市场、销售、研发等），设计各角色人员在用户画像工具中的使用功能和应用/操作流程。[②]

第二节　品牌营销，“我们不一样”

品牌营销是市场营销的一部分，与目的在于获客和促成交易的营销不同，品牌营销的目的在于增加品牌的曝光度，打造良好的品牌形象，形成统一的品牌认知，提高品牌溢价能力。也就是说，品牌营销的重点在于塑造一个形象，然后思考如何让这一形象被更多的目标人群认识，最终在目标人群心中形成超越产品与服务的认知。

---

① 兰秋军、周姝璇：《基于深度学习的用户画像研究》，湖南大学工商管理学院，2018 年。

② 拍拍信：《大数据时代用户画像的绘制及应用》，2018 年 6 月 30 日，见 https://mp.weixin.qq.com/s/RWCesevQFxx SL5L1JEKkzQ。

一、品牌现状分析

（一）传统金融机构的品牌现状

与互联网金融企业不同，多数传统金融机构仍然将重心放在风险控制和业务拓展上面，从主观层面看，对品牌营销的重视程度不够，这导致近些年受到了一定的冲击。具体的表现有以下两点：

1. 品牌同质化严重

品牌的基本价值在于差异性，企业通过差异性的品牌定位，在消费者心中留下特定的意义和价值认知，使其可以从众多竞争对手中脱颖而出，这是打造品牌最关键的地方之一。而多数传统金融机构品牌同质化现象较为严重，在品牌定位、推广、附加值等方面趋于雷同，缺乏个性化特征。传统金融机构品牌缺乏差异性主要缘于三方面因素。

其一，传统金融机构仍未能充分了解用户需求、市场竞争现状、同行优劣势等状况，制约了其指定差异性品牌策略的能力。

其二，我国金融业目前仍处于发展的初期阶段，产品和服务的创新能力仍然不足，呈现“千人一面”的现状，这也导致品牌个性化色彩较淡。

其三，传统金融机构在品牌推广、传播等方面做得仍远远不够，即便品牌有所差异化，也未能通过有效的品牌传播将其个性化特征展现给消费者。

雷同的品牌形象与定位无法将品牌的独特性传递给目标客户，客户无法依据品牌判断孰优孰劣，分辨哪个更加能够满足需求。

2. 个别风险案件导致行业负面影响

随着经济下行压力加大，一些中小银行资产端风险敞口持续暴露，不良余额与不良率双双出现攀升。资产质量的下滑也导致风险案件频发，消费者投诉量攀升，对商业银行的品牌形象造成了一定的损伤和侵蚀，也对新时期商业银行的品牌管理能力提出了更高要求。2019 年个别中小银行的风险案件导致的负面舆情，对整个行业也造成了一定的负面影响。

（二）互联网金融行业的品牌现状

除了头部的几家上市公司外，整体来看互联网金融企业的品牌现状不容乐观，普遍存下以下问题：

1. 大众认知度相对较低

相较电商、游戏等行业，互联网金融行业是一个相对年轻的行业，发展历史较短，大众的认知度偏低。虽然行业在此前已有一些发展，但总体来说，无论从个体层面，还是行业层面，大众的认知度和接受度都较低。

2. 行业整体缺乏统一认知

互联网金融行业中不同企业之间的业务差别很大，这一点与电商行业不一样，电商虽有垂直类、综合类的区分，但相对来说分类比较简单，大众也容易理解。但由于金融业务非常庞杂，从行业的角度看，很难统一用户认知，而从企业经营的角度看也无法为目标用户建立一个统一的用户画像。加之行业发展速度快也导致行业内鱼龙混杂，经营不善或不合规平台出现问题会导致整个行业污名化，这对于头部企业的品牌也是不利的。

此外，由于行业发展时间相对较短，不确定性强，仍未能沉淀出一个统一的品牌评判标准，因此在品牌的比较上，很难评判出哪个好、哪个不好。在差异化优势难以凸显的情况下，统一标准的缺失使品牌建设更加艰难。

3. 差异化优势难以直观展示

相较于传统金融机构，头部上市互联网金融公司的差异化优势在于科技能力，但这些科技优势很难被大众直观理解。

以拍拍贷为例，在线上信贷业务上，如果采用商业银行传统的作业模式去覆盖目标服务人群，会导致成本过高难以负担，因此拍拍贷采用科技化的方式，如机器作业的方式来大幅降低成本。这些科技元素在实际业务当中的作用是非常大的，与风险的实际降低率也有强相关性，但却很难像游戏行业那样可以充分形象地展现给大众，也就很难采用一个合适的方式对科技的力量进行传播，被大众所理解。因此，从品牌营销实践看，互联网消费金融行业的整体品牌形象都是强调安全、信任，尤其是在出借端的品牌宣传上，这其实与银行的品牌形象是差不多的，差异化优势难以凸显。

4. 信任感需要长期建设

与游戏、快消品等行业的品牌营销不同，金融行业的品牌营销并不能短期见效，品牌树立需要长时间的经营。由于金融企业提供的产品是有形性与无形性的结合，其中有形产品的表现形式与功能易于模仿，趋于同质化，而无形产品如金融服务形成的品牌认知则需要依靠积累，短期内难以收到效果。此外，金融企业需要经受得住经济周期的考验，一旦经济萧条、失业率上升，对金融业的影响是很大的，而金融企业能否扛得过去并不取决于品牌宣传，而取决于金融机构的真实实力。因此，金融品牌的树立比快消品要难得多，必须逐步建立信任感，需要经过时间的检验，才能包装出来，并不是能够依靠短期内投几个热门剧或押中一宝就能成功。

二、品牌营销策略

大数据背景下，品牌营销呈现精细化趋势，金融品牌与目标人群之间的交流屏障被打破，品牌与用户之间无障碍沟通得以实现。

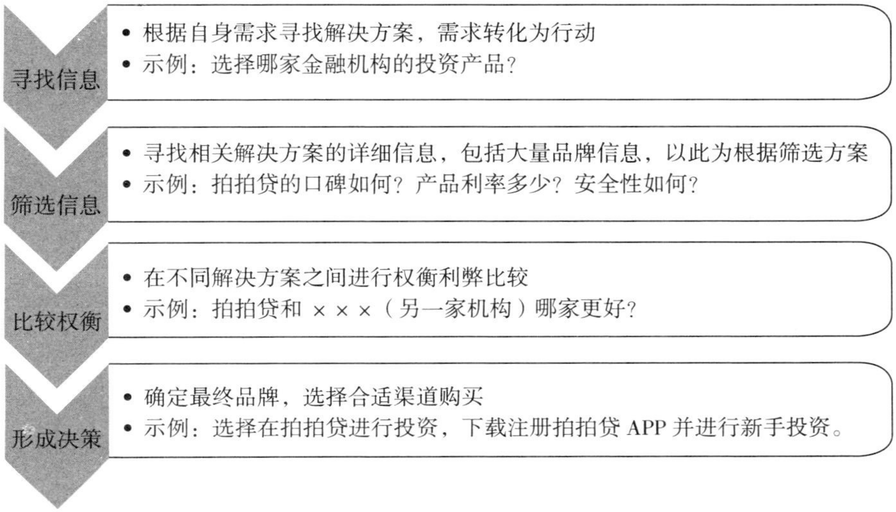

资料来源：公开资料，零壹智库。

图 7-1　用户品牌选择决策流程图

大数据时代，用户可以通过多样化的渠道获取信息，但同时，海量的信息稀释了信息的价值密度，这种情况下，用户在选择品牌时，需要经历从寻找信息，到筛选信息，经过比较权衡，最后形成决策这样的一个决策过程，其中用户的需求与品牌信息的权衡往往在购买决策行为之前，因此金融品牌需要主动地、精细化地介入用户。

针对用户这一决策流程，无论是互联网金融机构还是传统金融机构，金融品牌的建设都需要精心布局接触点，即决定在何时、何地，以何种方式接触潜在消费者，以达成预期沟通目标。也就是说，通过数据挖掘系统，金融品牌需要确定目标消费者是谁，他们的需求是什么，他们会出现在哪里，他们的兴趣点是什么，他们有怎样的选择倾向，需要以怎样的方式与他们接触，并通过精细化地针对不同的目标人群选择不同的营销渠道，在用户心中植入品牌。

（一）区隔化品牌营销

无论对于传统金融机构还是互联网金融机构而言，从金融机构资产负债表的视角来看，客户都可以大致分为投资人和借款人两类。对于投资人而言，其诉求在于保证资金安全的前提下获取收益，这就需要金融机构树立起对于信贷发放严审批、相对高息、强催收的专业化形象；然而对于借款人而言，其诉求是在支付较低资金成本的前提下，获取流程简单、服务优质的信贷服务，这就要求金融机构树立起服务优质、流程简单且具备亲和力的品牌形象。由此可见，位于资产负债表两端的客户有着截然不同的诉求，在品牌营销上也应该差异化对待。具体来看可以采取区隔化品牌营销和品牌切分两种策略。

1. 针对性品牌形象树立

以拍拍贷为例，拍拍贷的借款人是其主流客群，目前有超过 1 亿注册用户，主要是“85 后”“90 后”，收入偏低，来自二三四线城市，可以称其为“小镇青年”，他们通常是传统金融机构未触达或未充分满足需求的人群。对于这样一群借款人来说，其关注点更多在于覆盖度，即能否在他们需要的时候及时地出现。这一类人群的品牌忠诚度往往可以依靠产品利率的差异化来提高，也就是说，如果利率能够做到差异化定价，借款人能够因为精准定价节省成本，那么这群借款人的品牌忠诚度就会提高。

而投资人的平均年龄要比借款人大10岁左右，主要分两部分：一部分属于小白群体，风险意识较弱，容易受到政策与市场的影响；另一部分风险意识很强，投资过股票、期货、外汇等，在拍拍贷的投资额在100万以上，属于大客户，平台贡献率高，他们会根据平台数据来做投资决策。在选择品牌时，这一类人往往倾向于选择“更值得信任”的平台以保证资金的安全。

因此，面对需求各异、关注维度各不相同的投资者群体，在品牌营销过程中，应该在广义的品牌塑造上，针对不同地理位置，不同诉求的群体进行针对性宣传，以实现不同诉求群体中的针对性品牌形象塑造。

2. 品牌切分

对业务线进行切分，切分投资端、借款端，两端采用不同的品牌进行运营也是一种行之有效的策略。不少互联网金融平台，随着用户数量的增加和用户细分品牌诉求的增加，都分别在投资端和借款端启用了不同的品牌名称。

但在实际操作中，这种做法容易出现误区。一个误区是将品牌营销宣传侧重一方会忽视另一目标群体的需求。从目标人群上来看，两者都是平台需要的用户，但在利益上有碰撞和冲突，如果要保持平衡，平台无法太倾向其中一方。另一个误区是有些品牌设立之初并未区隔切分投资端、借款端，已经在用户心中形成一定的品牌认知，如果后期再进行区隔，难以被用户接受，容易受到用户质疑，对用户的信任感造成冲击。

此外，有些公司还采用母品牌与子品牌共存的方式实现品牌的区隔化营销。基于母品牌把子品牌切割到产品上，母品牌不断增强在行业上与科技上的能力和话语权，构建品牌信用的底层，子品牌根据不同的市场走更市场化的品牌投放渠道。

（二）差异化品牌营销

差异化品牌营销，指的是企业有意识地通过建立功能性差异和情感性差异来形成与竞争品牌相区隔的营销策略。差异化营销的基础在于，不同的消费者具有不一样的价值观、偏好、个性、经济水平等，因此对金融产品、服务的需求也是多样化的，差异化营销也成为获取用户芳心、赢得更多市场份额的关键性战略。在进行差异化营销时需要注意以下几点：

其一，要建立和不断完善用户数据库。用户在与企业交互时产生大量的交易数据、行为数据等，这些数据成为响应需求、制定策略的重要基础，在大数据技术方兴未艾的当下尤为重要。

其二，要做好市场细分，确定目标群体。面对多样化的消费者需求，唯有做好市场细分才能更精准地定位目标客群，通过分析目标客群的偏好、收入、需求等情况，进而针对性地制定差异化营销策略。

其三，差异化必须具备可拓展性。差异化营销并非一朝一夕之功，不能仅仅关注于短期效果，而必须在建构底层架构的基础上，随时应对变化中的消费者需求和痛点，制定出相应的营销策略，这是一个长期的过程。

其四，差异化必须让目标客群有所感知。差异化营销的对象是某一细分市场的消费者，差异化产品或服务中的信息、价值、功能等也必须让目标客群感知到，否则差异化营销将沦为“独角戏”，难以收到预期效果。

第三节　渠道管理智能化，人均产能增10倍

随着可供选择的营销渠道增加、用户信息接收的碎片化以及用户群体的不断成长，营销趋向碎片化、技术化、精准化，内容、渠道、媒介三者高度融合。能否精准地选择渠道进行投放，是决定营销成效的核心要素之一。

根据营销目的和渠道投放策略不同，可以将互联网金融行业的营销做

法分为两大派别。

第一种是激进派，期待效应能够短期呈现。激进派希望在较短时间内通过大量投放获取大批量客户或达到足够高的覆盖率，因此激进派会选择尽可能多的渠道大规模投入，在短期内引入大量客户流量，或快速增加品牌曝光度，迅速被大众认识。一般来说，行业的后来者在初入行业时会采用这一方式。

第二种是稳健派，重在稳扎稳打。稳健派希望通过持续稳定的投入，获取稳定的客户流量，打造值得信任的品牌形象和长期的品牌曝光度。稳健派会相对保守一些，虽然依旧会尝试各种渠道，但并不是一次性大规模投放，而是在调查比较后选择效果相对好的渠道长期经营的同时，适当尝试一些新渠道。对于行业内已有一定规模的先入者来说，他们的客群基数大，业务相对已经比较稳定，一般会采取这种做法。

营销渠道的管理可以分为获客渠道管理和品牌渠道管理。不论在品牌营销还是在获客营销中，渠道投放都是必不可少的渠道，但两者不能混为一谈。品牌营销的投放着重点在于品牌的曝光度；而获客营销着重点在于销售转化率和服务的复购率。

表 7–1　品牌渠道管理与获客渠道管理

	品牌渠道管理	获客渠道管理
投放目的	建立品牌知名度，增加曝光度	促进获客与销售（消费行为）
考核指标	曝光量 / 覆盖人群 / 舆情监测指标 / 互动情况等	点击率 / 下载量 / 注册量 / 用户转化效果 / 成交量 /ROI 等
投放内容	强调品牌形象，增加用户好感度	促成用户转化行为的创意
渠道选择	优质强曝光的媒介资源（门户网站首页 / 视频广告 / 开屏页面等）	转化效果好的媒介（SEO/ 信息流等）

资料来源：公开资料，零壹智库。

一、获客渠道管理

（一）渠道类型

互联网金融企业常见的获客渠道类型包括效果广告、商务合作、应用市场、社会化媒体以及线下渠道等。与线下渠道相比，线上渠道更容易获取渠道效果的反馈数据，也更容易基于反馈数据进行优化。

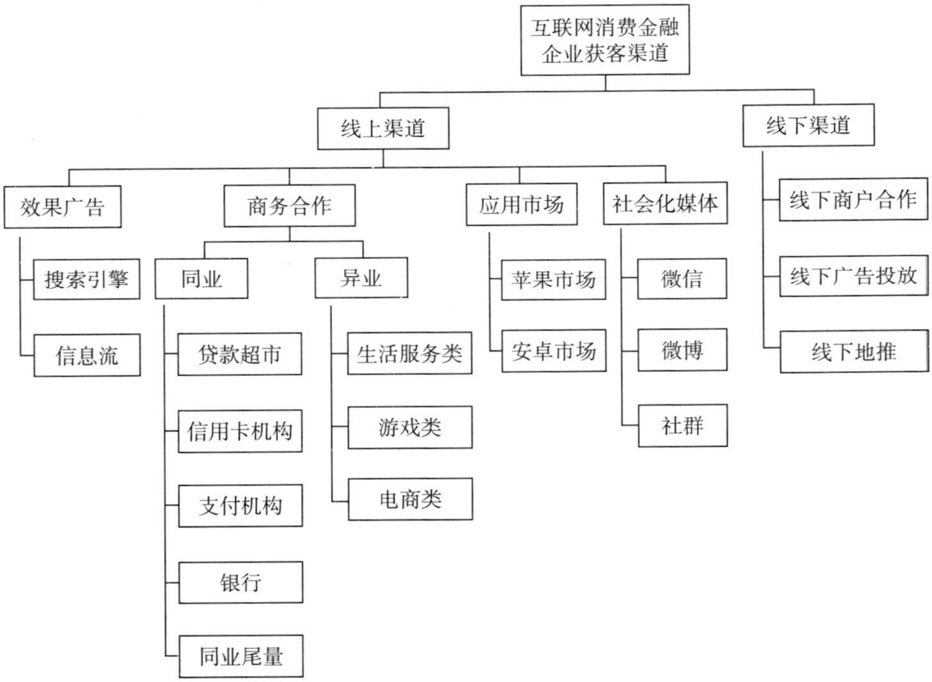

资料来源：公开资料，零壹智库。

图 7-2　互联网金融企业常见获客渠道

1. 效果广告

效果广告需要根据用户行为和数据建立模型，判断用户是否容易被获取，根据数据模型建立人群包进行精准投放，做到有的放矢，提高渠道转化率。常见的效果广告包括信息流和搜索优化。

（1）信息流，包括短视频、小程序中插的广告。主流媒体信息流中比较有影响力的包括：今日头条、百度信息流、微信、新浪、知乎信息流等。信息流的用户量大，但与目标用户并不完全重叠，总体来说获客成本相对较高。

（2）搜索优化，包括SEM。SEM即Search Engine Marketing，指利用客户在搜索引擎上检索信息的行为和习惯来投放搜索广告，在人们检索信息的时候将信息传递给目标用户。SEM可以采取多种方式实现，包括竞价排名、搜索引擎优化、精准广告以及付费收录。

竞价排名又被称为PPC（即Pay Per Click），即点击付费广告。其基本特点是按效果付费，即只有用户点击了广告链接，广告主才需要支付相应的费用，如果没有被用户点击，则不收取推广费用。企业可以控制点击价格和推广费用，同时还可以根据时间、地区等显示用户的点击结果，对用户的点击行为作出精确的统计和分析。所以竞价排名虽然需要支付推广费用，但是推广效果非常好，是一种非常精准的流量建设的方法。

2. 贷款超市

对于互联网金融企业来说，贷款超市是资产端获客的主要渠道之一。贷款超市分为两种：一种是自带流量，这类贷款超市一般先获取一些流量，使用算法决定哪一部分流量自用，哪一部分流量优先卖给其他渠道，以实现更高的收益。另一种是流量转卖，即先购买流量再卖出，这一类型的贷款超市比例在不断降低，数量呈减少趋势。

贷款超市的优点在于更加可控，选择这一渠道需要考虑的因素更多是流量的价格与数量、合作过程中的商务谈判和商务关系维护；缺点在于贷款超市为了成本可控，输出给企业的流量质量常常良莠不齐。除了贷款超市以外，互联网金融企业还会与信用卡机构、其他同业机构进行全流程定制化的合作。

3. 应用市场

应用市场包括IOS、OPPO、VIVO等。应用市场的渠道管理重点在于应用排名优化，以及用户能否轻易准确地获取APP。此外，应用市场的投放应该注意符合监管的词汇，防止由于监管原因下架的问题出现。

4. 社会化媒体

社会化媒体营销获客是指通过微信、微博、社群等线上社交媒体平台进行获客。社会化媒体需要长期经营，看重内容质量，面向广泛人群，获客转化率相对较低。

5. 线下渠道

由于线下获客渠道受监管与政策限制严格，互联网金融企业往往会采取与线下商户合作的方式获客，利用线下消费场景导入获客流量。

（二）渠道选择参考因素

针对上述获客渠道的选择，互联网金融机构往往会参考以下几个因素：

1. 政策与监管

互联网金融企业在选择渠道时，需要先考虑的就是是否符合政策监管。由于在流量获取上有诸多限制，互联网金融企业会尽量选择更多的渠道，防止某一渠道受政策监管无法投放，可利用其他渠道弥补。

2. 产品类型

以借贷资产端为例，面对贷款超市和信息流这两种投放渠道，根据成本、目标用户群体重合度，大额与小额资产端的选择会有所不同。信息流流量大，客群质量好，但成本高；贷款超市用户与小额资产端的目标用户画像大致吻合，并且成本可控。因此，小额资产端的收益无法支撑信息流的成本，需要更高精准度、更低成本的渠道，会更大比例地投入贷款超市；相比之下，大额资产端的收益高，可承受的成本也会相对更高，其诉求是更大的流量，因此会选择信息流。

3. 渠道价值

在渠道投放之后，通过对付出的预算 / 成本、用户行为进行分析，对渠道转化率、渠道稳定性等因素进行对比分析，测算每一个渠道的渠道价值，根据渠道价值剔除效果差的渠道。

（三）渠道优化

传统营销模式下，金融企业很难正确衡量每一个渠道的渠道价值，因此往往会采用广撒网的方式来进行渠道投放，但广撒网的方式成本高，成效低。随着金融科技的不断发展，这一难题得以解决：利用大数据、人工智能等先进技术监控渠道成本，测算出每一个渠道的渠道价值与转化率，并以此为根据，判断哪个渠道的用户价值最大化，进行渠道优化。

以拍拍贷为例，渠道投放前，为了在成本可控范围内实现渠道价值的最大化的效果，拍拍贷会用归因模型进行渠道测试，把每一个行为归因到相应的测试渠道上。渠道对接后，拍拍贷会根据后端数据，通过用户行为分析与数据分析，精细分析每个渠道的渠道价值。

通俗地来说，当用户在最终成交之前，有可能先被 A 渠道先推送过来登录一次，再被 B 渠道推送过来戳了一下，最后被 C 渠道推送过来成交，在这种情况下，拍拍贷会利用算法反推出 ABC 这三个渠道分别的价值。通过这种方式，可以把每笔成交分摊到各个价值最大的渠道，最终算出每个渠道的价值。渠道价值测算后，拍拍贷会把最差的渠道给剔除，保留好的渠道，达到持续优化的效果。

【案例分析】拍拍贷线下流量获取新渠道：TARS

TARS 集智能化销售、智能化运营和销售管理为一体，兼具线下流量超市功能，是用科技改变线下消费金融场景，颠覆传统消费分期模式的代表产品。

TARS 可植入到各种线下的消费场景中（手机门店、购物商场、电影院、火车站等），成为流量的汇集和分发平台，为各大服务商提供线下流量的获取中心，改善传统销售推广模式。

传统线下获客场景中，销售人员欺诈风险较高，人力驱动全流程导致运营和管理成本高，TARS 针对这一痛点有很好的解决方案：

采用大数据与人工智能：利用风险模型、图像识别、语音识别、突破创新性的传感器探针技术进行客流监控。

机器办单：简化办理流程，收集用户数据，提升用户体验。

硬件和重中后台管理：具有规模化优势和标准化管理手段。

TARS 的地推月均产能可达到 50 万 / 人，人均产能提升 10 倍，人力成本占比 4%，降低一半，而它的销售产能也能达到传统方式的 5~10 倍。

二、品牌渠道管理

常见品牌营销活动包括品牌广告、公益活动、行业会议、品牌宣传片等。其中品牌广告是比较直接触达用户的方式，可以提高覆盖率；公益活动可以为品牌增信，提高品牌形象；参加或举办行业会议，可以与业内人士共同探讨行业的发展趋势，分享企业自身的经营经验，从而提升品牌的行业影响力和号召力。宣传片则是成本较高且很难直接见效的方式，但一个好的品牌宣传片有利于企业品牌形象的树立与提升。

品牌宣传片需要精准针对受众人群，根据受众人群画像定制宣传片内容，抓住受众人群的需求心理，激发共鸣，从而在受众心中烙下特有的品牌印象。

以拍拍贷的 2018 年的品牌宣传片《我对你有信心》为例，宣传片故事围绕着重庆某农村父子两代人展开。故事中，农村的父亲为了去城市工作改变生活，向关系友好的邻居借钱，却百般碰壁；身处城市的儿子在城市底层艰难打拼，饱受冷漠，却被盗走辛苦攒下的一点钱。而后，故事开始发生转变，儿子偶然接触到拍拍贷，并通过极为简单的方式，借到了 5000 元，两代人的命运就此发生改变。

在这个品牌宣传片中，拍拍贷瞄准了借款端目标用户——“小镇青年”，即 20 岁到 40 岁之间来自二三四线城市的男性，他们的境遇往往与宣传片中的父子重合，这一宣传片正契合了他们借钱难、赚钱难、打拼辛苦、渴望改变的痛点，凸显了拍拍贷的“简单”“信任”，容易激发共鸣，在目标人群中树立有温度的品牌形象。

品牌营销活动类型不同，投放的渠道也不尽相同。一般而言，品牌营销投放的渠道主要包括视频网站、门户网站、移动端 APP 等，针对不同的目标人群与呈现形式，企业会选择不同渠道和内容进行精准投放。

表 7-2　品牌投放主要渠道

投放渠道	呈现形式	代表平台
视频网站	贴片广告 / 角标 / 暂停 / 中插广告	优酷、爱奇艺、腾讯、芒果 TV
门户网站	横幅广告 / 标志广告 / 原生广告	网易、新浪、腾讯、百度
移动端 APP	原生广告 / 开屏广告 / 横幅广告	今日头条、网易新闻、微博

资料来源：公开资料，零壹智库。

第四节　舆情监测数字化、自动化

荷兰危机管理专家罗森·塔尔指出，舆情事件是对一个社会系统的基本价值和行为准则架构产生严重威胁，受到舆论关注影响，并且在时间压力和不确定性极高的情况下必须对其做出关键政策的事件。

互联网时代，网络媒体飞速发展并逐步成为舆论主渠道，网络空间已经成为公共空间，网民对金融行业诸多热点问题的立场和观点通过网络渠道进行传播，话题涉及金融行业的各个方面，网络舆情直接迅速地反映了金融行业各个层面的利弊好坏。利用大数据平台对企业舆情进行监测，有助于有效利用网络舆情，及时解决问题和反馈用户诉求，进而提升竞争力。

一、常见负面舆情事件

（一）互联网金融企业

互联网金融企业的负面舆情事件主要可以分为以下几类：

一是行业态势导致的舆情事件。由于政策与监管对互联网金融企业的态度趋严，再加上大量平台相继爆雷，整个行业态势不明朗，负面新闻层出不穷，尽管媒体报道对爆雷事件持中立态度，但依旧会引发用户信心不足，激发用户负面情绪，平台违规经营也成为网友对 P2P 爆雷事件的主要抨击标靶。

二是产品乱象引发的舆情事件。此类舆情事件的发生往往与不合规或争议大的产品有关，例如校园贷、套路贷等遭到强烈抨击的贷款产品。

三是不合规流程诱发的舆情事件。不合规流程主要体现在催收流程中的暴力催收、侵犯借款人隐私。多个平台机构曾被舆论批判暴力催收，尽管平台对此进行了澄清或说明，但依然对平台形象造成了伤害。

总而言之，受政策与监管的影响，大众对互联网金融的行业信心不足，再加之不少平台相继爆雷、暴力催收等负面新闻的广泛传播，新金融行业积累了较多的负面舆情，面对这一现状，如何减少负面舆情、引导正面舆情是一大难题。首先，企业要认清这一现状，并接受事实；其次，制定短期、中期、长期不同的舆情处理计划：短期计划主要是覆盖较为紧急的舆情，中长期计划既包括处理历史遗留问题，也包括制订长期维护和引导计划。

（二）金融机构

以银行业为例，舆情事件主要分为以下四类：

一是风险类事件。商业银行是经营风险的机构，天生与风险有着密不可分的关系，银行发生的多数负面舆情事件也与资金安全、金融风险等有关。比如理财“飞单”、假公章、虚假担保、信用卡盗刷等。此类事件对银行的声誉和形象有较大影响，往往成为公众关注的焦点。

二是运营管理类事件。此类事件往往由银行内部管理、运营、组织架构等问题引起，比如银行系统升级导致用户没法正常存取款、银行因个别员工交易违规而在互联网上引发倒闭谣言等等。

三是银行员工行为类负面事件。商业银行在社会中扮演着资金配置的重要角色，与万千家庭有着千丝万缕的联系，银行员工尤其是高管的负面行为容易引发大众关注，比如某银行高管性骚扰女下属、某银行员工微博骂客户等。

四是自然灾害类事件。此类事件往往无法提前预判，具有突发性和偶然性，本身与银行的经营现状和服务质量无关，但容易导致银行在物理设施、网络系统等方面遭受损失。

二、传统舆情监测痛点

一般来说，传统舆情监测包含了传统线下监测以及线上网络舆情监测。传统线下监测会依靠现场调查、访问调查、问卷调查等方式，但效果不佳；而传统线上网络舆情监测只是简单地进行样本比对和数据分析，已经无法适用于如今信息爆炸的时代。

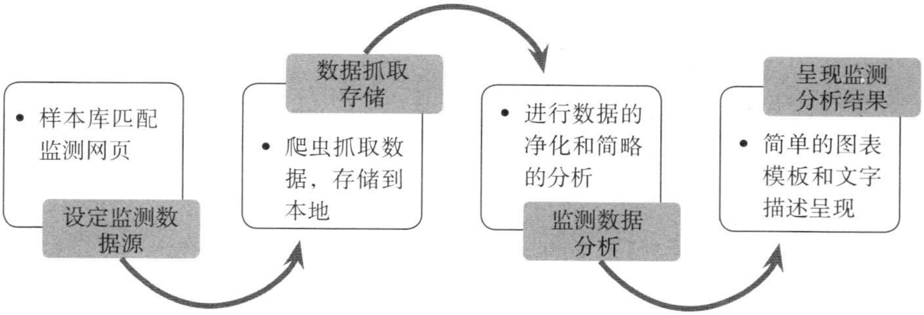

资料来源：公开资料，零壹智库。

图 7–3　传统网络舆情监测流程

因此，传统舆情监测面临诸多痛点。

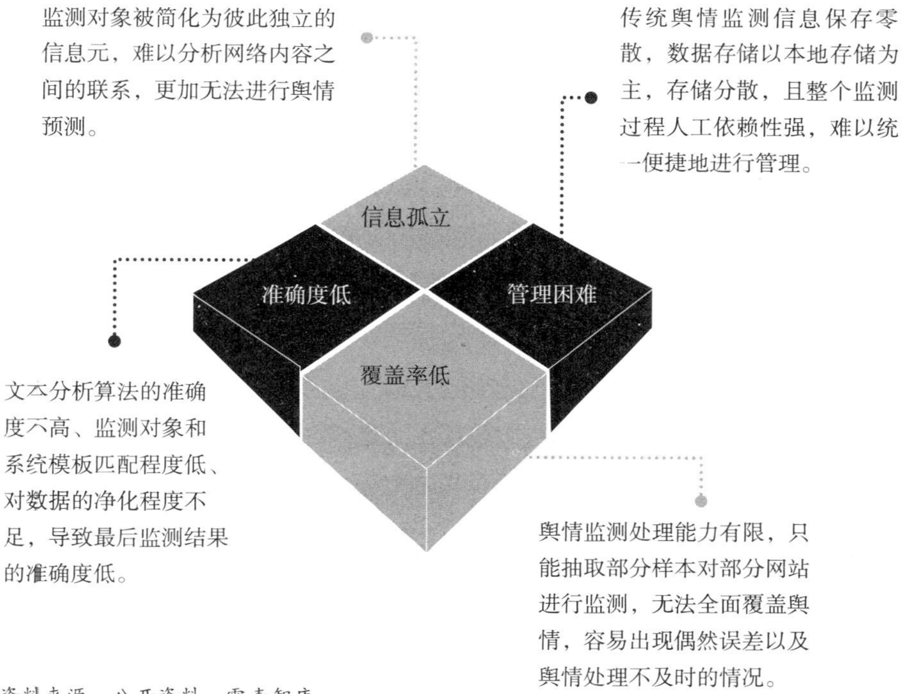

资料来源：公开资料，零壹智库。

图 7–4　传统舆情监测痛点

总而言之，传统舆情监测局限性日渐明显，监测功能已经弱化，无法适应新的舆论环境，而大数据赋予了舆情监测一个新的方式，很好地解决了传统舆情监测的问题。

三、大数据舆情监测

大数据舆情监测是基于大数据挖掘技术与大数据处理能力，通过对多平台网络信息进行自动采集与多维度分析，实现网络相关舆情的实时监控与深度分析，利用自然语言处理、深度学习技术和复杂模型算法，智能挖掘、追溯舆情事件脉络以及进行舆情预测，最终达到舆情动态全面掌握，指导正确舆情引导。

大数据舆情监测能力的核心在于信息自动采集能力以及舆情分析能力，信息自动采集能力决定了数据的覆盖度以及可采集的数据的深度和广度，舆情分析是整个舆情监测的核心，舆情分析能力决定了舆情监测结果的质量。

大数据舆情监测可以应用在图 7–5 的几个场景中。

资料来源：公开资料，零壹智库。

图 7–5　大数据舆情监测应用场景

第八章　金融营销的智慧化步伐

第一节　金融机构营销痛点

一、营销成本高

传统金融机构营销主要依靠线下物理网点与线下营销人员推广。在过去，庞大的线下网点可以解决传统金融机构大部分的获客与营销，但随着互联网浪潮席卷而来，同业竞争加剧以及客户消费习惯的改变，传统金融机构的物理网点优势正在逐渐弱化，逐渐变成经营负担。与线上渠道相比，线下物理网点成本高，区域化限制多。

同时，我国“刘易斯拐点”已经出现，人口红利持续消退，就业人员平均工资持续攀升，对金融机构而言，仅仅依靠营销人员带动营销增长会导致人员成本过高。

二、营销效果差

在追求个性化、人性化的当下，传统“轰炸式”的营销已经难以取得用户的青睐，甚至会引发用户的反感，同时，千人千面的需求偏好使得粗放式的营销模式难以取得较好的成效。

具体而言，首先，随着金融服务、金融产品类型的不断增加，在交互环节中，对营销人员专业知识储备和沟通技巧的要求愈发提高。但受限于营销人员的专业能力，冗长的沟通环节难以准确、高效地响应客户需求。

其次，沟通环节是发掘客户需求、进行营销的关键环节，接触频次不高导致无法获得全面和动态的客户数据。同时传统银行营销人员基于经验的营销模式，在面对类型各异的顾客时，难以精准抓住客户需求，形成服务“尖叫点”。

最后，在整个沟通与交互环节，依托于线下网点和客服人员的接触与交互模式，在投资理财、信贷、储蓄等服务模块间缺乏信息交互，难以形成协同效应。同时，受制于银行网点服务的时空局限，难以打造银行服务的生态闭环。

第二节　金融营销是怎么变聪明的

面对成本高、效果差的营销痛点，传统金融机构开始进行智慧化营销。以银行业为例，各大商业银行的智慧化营销举措包括加大科技投入、建立云数据中心、搭建智能营销平台、建设全渠道、提高场景覆盖率等。

一、加大科技投入

从科技投入角度来看，国有银行与股份制银行不断加码对金融科技的应用与探索，通过建立科技创新实验室、升级科技赋能战略、成立金融科技子公司、与金融科技公司合作等多种方式，推动移动互联、大数据、人工智能等先进技术与银行营销的深度融合，为营销智慧化提供技术基础。

而由于科技能力的不足，不少城商行与农商行选择与金融科技公司合作开展营销智慧化建设。贵阳银行就在开展零售转型之时引进了蚂蚁金服的大数据技术平台与服务，通过整合内外部数据，建设五大数据能力，支撑零售条线的精准营销。在大数据能力的支持下，贵阳银行产品创新能力不断提升，线上化产品覆盖率也随之提升，同时，贵阳银行依托多渠道、场景化提升获客规模，基于大数据分析能力，零售客户差异化服务得以深化，金融消费生态圈持续完善，零售客户黏性提升。

二、建立云数据中心

统一云数据中心的建立，可以有效实现金融机构内部跨部门间的数据整合，盘活各部门存量数据，同时通过客户行为数据的采集以及外部机构的合作，实现数据的统一管理、安全存储、便捷应用，为后续智能营销系统的高效运行提供数据支撑。

基于统一的数据平台，通过数据探针、数据清洗、数据融合等底层数据处理之后，根据客户的各类行为数据，统一地进行建模分析，完成标签生产、画像洞察等流程，辅助金融机构进行客户统一生命周期管理。同时建立统一的数据输出接口，便于在营销实践中的数据应用。比如，将用户画像结论、业务需求等数据进行整合，通过各种人工智能、大数据等技术，基于不同的算法进行分析，综合对目标客群、触达手段、营销投放渠道进行选择，系统自主地进行智能化推广，以实现精准推荐、智能触达、智能投放。

三、搭建智能营销平台

在营销智能化的大趋势下，不少银行已经着手搭建智能营销平台，从系统创新开始营销变革。银行所搭建的智能营销平台是其依托大数据、人工智能等新兴技术，在银行系统层面搭建的一个智能平台。该平台可以对海量客户数据进行分析利用，挖掘数据中的营销价值，构建用户画像，进行用户分层，描绘全面的客户视图，并通过智能引擎进行自动化营销，从而实现线上化、自动化、智能化的精准营销，提高营销效率与营销质量。

以招行智能营销平台的搭建为例，2008 年至 2014 年，招行所采用的是单纯的人工数据库营销，虽然营销系统、客户标签、组合筛选等应有尽有，但需要手动在营销系统中生成、产出、导入名单，且营销名单有数量限制，耗时长，处理结果也因人而异。

2014 年，该数据库营销系统遭遇瓶颈，无法满足发展需求，招行开始与 SAS 公司合作搭建智能营销平台。2015 年，招行通过“打通营销渠道，实现全渠道协同营销—搭建数据营销集市，新增客户标签—实现营销自动化—完善活动评估体系”四步走，完成了营销系统的重建。2016 年智能营销平台正式推向全行，平台上线一年，用户数翻番。

2017 年，招行继续深化智能营销平台建设，构建营销智能化引擎，并开始探索事件营销。招行通过整合 390 多个系统的数据源，引入 58 个外部数据源，形成3800多个面向零售客户的用户标签，构建起全面的客户视图，在此基础上，建立包括主动营销和被动营销的智慧营销引擎，为手机客户和客户经理提供实时的推荐服务。2018年，招行通过对零售客户生成1,726个客户画像标签，营销客户触达次数提升了6.56倍，营销成功率达到17.42%，初步开始了“千人千面”的个性化推荐。

表8–1 各银行零售端智能营销平台建设情况

银行	各行年报所提及的智能营销平台建设情况
工商银行	2016年建立全行统一的个人客户标签，研发投产个人客户营销画像体系，形成对个人客户特征的多维描绘，2017年持续深化大数据分析技术应用，不断完善和全面推广客户画像功能，形成线上、线下多触点的一体化精准营销体系。2018年建设个人客户智能营销服务平台，实现线上化、自动化、智能化的精准营销服务。
建设银行	建设人工智能平台，应用于客户营销、数字网点、智慧银行和渠道建设等场景。运用人工智能、大数据，推进个人客户“千人千面”式精准营销和定制化服务。为网点营销岗位等人员开发营销及办公移动智能终端“龙易行”。
农业银行	启动智慧营销平台建设，加快零售业务数字化、智能化转型。建成全行统一的个人客户画像，强化客户分类、分群管理，丰富客户立体维度标签。加强生态圈建设，把金融服务嵌入到客户的各类生活场景中。加强大数据挖掘分析，精准把握客户多样化、个性化、场景化金融需求，开展精准营销和直销。
中国银行	大数据分析能力进一步提升，构建涵盖公司与个人的客户标签服务体系，初步形成数据挖掘、数据分析、营销触达、成效反馈的精准服务闭环。
招商银行	构建营销智能化引擎，支持客户流量的数字化经营。整合数据源，形成面向零售客户的用户标签，构建起全面的客户视图，建立包括主动营销和被动营销的智慧营销引擎。
平安银行	升级综合金融MGM（客户推荐客户）模式，加强智能化服务，实现精准抓取、精准服务、精准营销，推动零售客户数量快速增长。推出“AI+客户”“AI+投顾”“AI+风控”服务营销和管理体系，为客户提供一体化、无缝、便捷的体验。
中信银行	在股份制银行中推出首个AI金融服务平台——“中信大脑”，开始为客户提供“千人千面”精准营销服务，已初步具备支持本行智能化交易、智能营销、智能风控、智能服务、智能运营等多领域智能化应用和服务能力。

（续表）

银行	各行年报所提及的智能营销平台建设情况
民生银行	以“数据＋技术”双轮驱动支撑改革转型，推动数字化智能银行建设，打造规模化大数据平台，驱动精准营销、创新风控和精细化管理科技，为全行业务转型和精细化管理转型持续赋能输入新的动力。数据驱动的营销管控体系建设进展明显。
华夏银行	建立移动化营销管理平台，推进零售产品移动化与销售服务线上化。运用大数据建立客户深度分析模型，加大精准化营销流程在客户服务中的应用。应用大数据营销响应模型及配套策略推动精准营销，提升分期产品营销成功率。
北京银行	智慧数据生态建设初见成效，形成“大数据、人工智能、数据可视化”三大技术平台能力体系。产品化供给能力进一步增强，形成涵盖“营销、风控、指数、资讯”四大主题的大数据产品化服务体系。完成人工智能服务平台建设，智能化分析能力进一步提升。

资料来源：各行年报，零壹智库。

四、建设全渠道

数字化时代，银行可供选择的触达方式日益多样化，客户信息散落在各个分散渠道。全渠道的建设，是银行在大大提升营销触点数量的同时，通过收集客户更多维度、更高时效性的行为数据，从而更加全景化地感知客户，打造全触点伴随、全流程营销，实现与客户的无缝互动，在提升客户体验的同时提高营销成功率。

一般来说，银行的全渠道建设与线下网点渠道转型、线上渠道拓展升级息息相关。在线下网点渠道转型上，近年来，各大商业银行都在大刀阔斧地进行网点智能化转型，将网点从业务交易型转向营销型，网点人员也从柜面业务操作型人员向营销人员转型。以工行网点转型为例，截至2018年年末，工行完成智能化改造网点15410个，在网点岗位配置上，实施柜员与客服经理岗位整合，打通柜内外、业务办理与客户维护之间的壁垒，实现了网点人员向综合营销服务型人员的转变。

在线上渠道拓展升级上，银行积极建设移动金融生态。对内借力移动APP，延展金融营销边界，带动营销增长。移动APP是各大商业银行数字化转型的重中之重，不少银行已坚定实施“移动优先”战略，打造移动经营平台，招行更是将MAU（月活跃用户数）作为零售金融转型的“北极星”指标；对外跨界合作，通过开放API、与互联网平台合作等方式开拓第三方渠道，将金融服务嵌入合作方场景，导入外部流量。2017年，工行就与京东金融合作推出国内银行业首个开到互联网平台上的银行——“工银小白”数字银行，该数字银行还获评《亚洲银行家》“最佳数字品牌创新奖”。

表8–2 各银行线上渠道建设举措

银行	各行年报所提及的线上渠道建设举措
工商银行	1.发布工银e钱包，与政府民生、互联网企业、新农村建设等领域第三方平台合作。 2.聚焦金融核心功能，打造金融服务主阵地，推出手机银行4.0。 3.丰富二维码、网点wifi、微信等各类新兴渠道入口与工具，拓展新渠道服务功能和应用场景。
建设银行	1.手机银行突出“智慧”内核，为客户提供“千人千面”的服务推送、个性化的投融资建议以及高效便捷的用户体验。 2.微信银行功能持续优化，推出“微金融”“悦生活”“信用卡”三大服务板块，与手机银行功能无缝对接。 3.打造“惠生活”优惠活动平台，为客户提供全面多样的优惠活动和精彩丰富的生活圈。
农业银行	1.坚定实施“移动优先”战略，以“智能+掌银”为主攻方向，发布全新智能掌银1.0版，掌上银行发展迈上新台阶。 2.推出“农银快e付”“农银快e宝”“农银快e贷”等特色产品，构建满足客户衣、食、住、行、娱等全方位需求的移动金融生态圈。
中国银行	1.贯彻“移动优先”策略，打造集团综合金融移动门户。新版手机银行已涵盖约200项金融服务，功能体验持续提升。 2.建设丰富、高黏性的服务场景，以手机银行为统一入口，加强对外场景合作，拓展优质商户进驻生活频道，投产E中银场景拓展平台，推动产品融入互联网场景中。
招商银行	1.坚持“双APP并进”的策略，构建大流量、全客群和高效率的互联网获客体系。 2.聚焦出行、医疗、教育等用户自然生活需求的场景构建，通过“云+API”的方式输出金融服务能力，提高客户黏度和产品渗透率。 3.持续深耕理财场景和消费金融场景，促进流量增长与流量转化有序连接，探索流量闭环经营变现新模式，充分发掘客户潜在价值。 4.深化移动互联网融合，强化自有平台和渠道建设，加深与互联网科技企业的流量经营合作。

（续表）

银行	各行年报所提及的线上渠道建设举措
平安银行	1. 依托集团生态圈，深挖优质客户资源，同时打通全行线上平台，如公众号、移动端和小程序等，构建银行线上生态圈，实现从用户到客户的转化。 2. 与外部场景相结合，加大线上渠道场景化、平台化，打造 B2B2C 模式，通过 APP 接口、H5 插件等技术手段将银行与第三方平台的场景、流量相融合，为客户提供更便捷的产品与服务。 3. 积极自建场景，积极拓展线上线下新渠道并围绕不同客群深入精细化运营，高效引流的同时提升用户价值感。

资料来源：各行年报，零壹智库。

从手机银行这一重要营销渠道的建设成果来看，国有大行除交行之外的手机银行客户数基本都已达到亿户级别，股份制银行中招行与平安银行优势明显，招行手机银行客户数量已经超越交行。上市城商行与农商行线上渠道建设差异较大，部分城商行与农商行线上渠道建设能力依旧较弱。

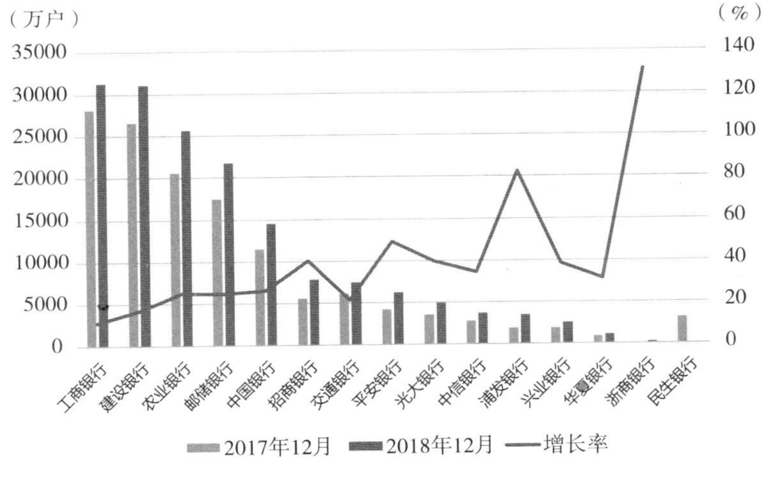

注：民生银行 2018 年年报未单独披露手机银行客户数，仅披露个人电子银行客户数（包括个人手机银行客户数及个人网上银行客户数）。据年报显示，2018 年民生银行个人电子银行客户数为 4,790.39 万户，同比增长 19.81%。

数据来源：Wind，各行年报，零壹智库。

图 8-1　国有行与上市股份制银行手机银行客户数

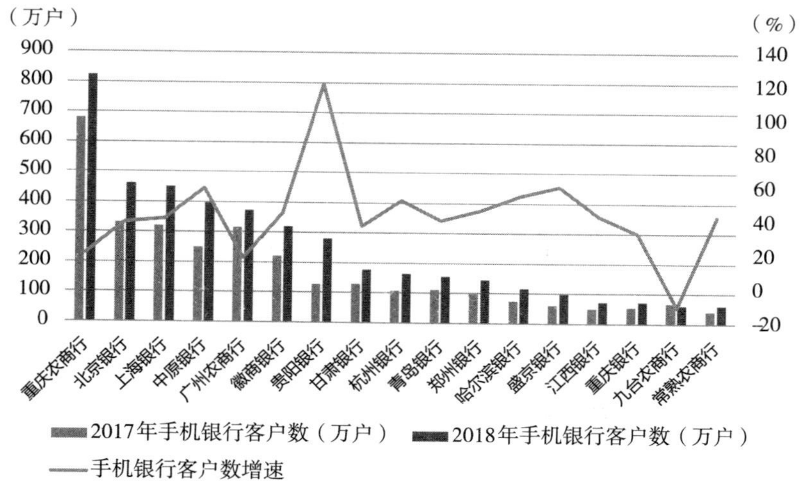

注：部分上市城商行与农商行未单独披露手机银行客户数。

数据来源：Wind，各行年报，零壹智库。

图 8–2　上市城商行、农商行手机银行客户数

五、提高场景覆盖率

随着金融服务深度融入客户衣食住行等各大场景，金融服务逐渐隐形化，“金融 + 非金融”的服务方式随处可见。将以往“高大上”的金融产品或服务嵌入客户自然生活需求的场景中，可以提高金融产品渗透率。现阶段，银行的场景覆盖已包含生活服务、公共出行、商户消费、校园、医疗、教育等垂直细分领域，场景覆盖率呈现逐步提高的趋势。

以平安银行为例，平安银行在整合集团内部综合金融产品线，加强与集团外部产品供应方合作后，已经深度融入集团金融服务、医疗健康、汽车服务、房产服务、智慧城市“五大生态圈”，切入客户生活场景，通过其智能主账户为广大客户及用户提供场景化、无感化服务。

【案例分析】华夏银行智慧营销应用[①]

华夏银行作为商业银行领域的佼佼者，营业机构遍布全国，业务广

① 《“智慧金融　数字华夏——华夏银行金融科技转型之路”发布会实录》，2017 年 8 月 17 日，见 http://www.cebnet.com.cn/20170817/102417415.html。

泛，包括风险管理部、资产管理部、国际业务部等多个部门。庞大的业务体量，带来了大量金融业务数据，加之各个分行、业务部门之间的流程存在关联与交叉，导致数据体系庞大而且复杂。

下文将用两个应用场景来展示华夏银行的智慧营销应用。

（一）利用优化产品流程，提升一倍转化率

华夏银行曾经上线过一款金融产品，市场推广后，交易额一直没有显著增长。后来借助“插点埋码”的技术，采集到了用户通过网银 / 手机银行访问该款产品关键页面的行为数据。数据显示页码成功访问率只有 20.89%，交易成功率只有 15.31%。用户回访中反映产品页访问速度比较慢，通过数据分析，华夏银行得知访问速度过慢这一原因导致了用户等待时间过长，大量的用户在等待途中直接离开。除此之外，用户还反馈“基金购买”的下单步骤过多。

基于这些反馈，华夏银行对该产品进行了改版优化，将原来的购买流程从之前的五步缩短到三步，重新上线推广，并对每日的关键数据进行追踪和分析。最后，该款金融产品中基金购买的转化率从原来的 15.31% 提升到了现在的 31.17%，提升了一倍多，客户好评率也有了极大的提升。

（二）助力精准营销，提升八倍客户购买转化率

2017 年，华夏银行为手机银行客户推出了一款预期年化收益率表现良好的“夜市理财”产品，主要面向朝九晚五的白领人群、宅男宅女、中老年客户群体。华夏银行基于地理位置特征、交易行为偏好、金融产品的购买偏好、访问特征偏好、营销特征等数据，对客户进行分类，打上标签。通过客户信息的标签化，抽象出一个客户的信息全貌，基于精确的用户画像，对客户进行差异化、个性化的产品推送。将精准的内容，在精准的时间，通过精准的渠道推送给精准的客户，商品推荐成功的几率大大增加。推送之后，客户购买“夜市理财”产品的转化率提高了八倍。

Part 4

运营篇

第九章　运营的“智慧”

第一节　“以人为中心”的机器人

广义上看，运营是与产品生产和服务创造密切相关的各项管理工作的总称。对于金融机构而言，运营的核心在于高效向客户传递产品价值并提供高品质的服务，以大幅提升用户体验，提高用户黏性。

相比传统运营，智慧运营有以下几点明显的优势：

一、以用户为中心

从运营角度看，“以用户为中心”就是基于用户需求与“服务尖叫点”，及时且具备高度针对性地为用户提供产品 / 服务，从而大幅提升用户体验，增强用户黏性。无论是互联网消费金融企业还是传统金融机构，“以用户为中心”开展运营工作才能不断提升客户体验，进而提高自己的市场竞争力。

“以用户为中心”的理念具体到执行层面有两点：其一是“以用户为中心”提供场景化产品和服务，在各类消费场景中针对性地提供创新金融产品和服务，以满足用户多样化的需求或痛点。其二是“以用户为中心”优化提供客户服务过程中的各个流程。

对于传统金融机构而言，其通过线上、线下等多个渠道向各类型客户提供海量的金融服务，每种服务涉及若干个服务流程。依靠传统以人为主、以经验为导向的运营，面对繁杂的业务，难以真正地实现“以用户为中心”的运营诉求。

二、数据驱动

依托大数据的精细化运营颠覆了传统粗放式运营模式，变以经验为导向的粗放运营为以数据为导向的精细化运营，大数据的运用在很大程度上解决了传统以经验为导向的运营模式所带来的客户定位不准确、运营策略错位等问题。

当前，金融机构客户需求具备高频化、场景化、多样化、个性化四大特征，客户行为轨迹遍及线下门店、支付平台、网络银行、手机银行，留下了海量可供挖掘的价值数据。运用大数据技术，采集来自各渠道的客户数据，通过大数据的分析，可以有效挖掘出用户的需求痛点、消费偏好等高价值信息，进而针对性地为用户制定服务策略。

以数据分析结果驱动不同客户的运营策略，实现更为精细化的运营，在降低运营成本的同时也能大幅提升用户体验。

三、全渠道优化

智慧运营是面向全渠道的精细化运营，强调精细化的渠道管理。面对不同画像的用户，根据其所在的用户生命周期阶段，选择有针对性的、最有效的渠道，促进用户的留存和转化，实现用户价值最大化。

互联网消费金融企业主要是依托线上渠道，而对传统金融机构来说，需要进行线上线下的全渠道优化。以银行为例，一方面是线下物理网点的服务体验，网点依然是银行接触客户的重要渠道，在大数据技术的支持下，银行可对网点服务流程中的各个环节产生的用户数据进行分析，进而给出更有针对性的运营优化策略，提高网点的客户体验；另一方面是网上银行、手机银行等各类线上渠道的体验优化。银行需要通过分析线上不同渠道客户的行为数据、交易数据等，提升各渠道精准运营、协同合作的水平。

四、智能化服务

目前金融行业的智能化服务主要有两类工具载体，一个是智能客服系统，广义上的智能客服系统包括线上智能客服和线下的智能机器人。另一个是智能投顾系统，主要是为互联网消费金融的出借人和传统金融的理财用户提供智能化的投资顾问服务。

无论是智能客服还是智能投顾，都是智能化的客户服务工具，旨在通过自动化或半自动化的方式更及时、更准确地响应用户需求，提供更符合客户预期的信息、产品和服务。智能化服务实现难度比较大，如果前面三个方面的基础没有打好无异于空中楼阁；但同时，智能化服务也是检验运营是否智慧化的关键要素之一。

根据信也科技的经验，智慧运营分为四个关键环节。

资料来源：零壹智库。

图 9-1　智慧运营四大关键环节

（一）搭建数据基础平台

大数据运营的基础在于数据基础平台的搭建。数据基础平台的搭建便于用户画像的建立与呈现，打通孤立的数据，有效解决数据孤岛问题，解决数据有效管理和高效计算问题，同时数据基础平台也是 CRM 系统的基础。

（二）精细化运营

通过数据的分析挖掘与自动化管理系统，可以针对不同画像、不同生命周期阶段的用户需求，进行精细化的用户细分，并制定个性化、针对性的运营策略，提高用户留存率和转化率。

（三）用户洞察与体验优化

通过用户的数据分析以及用户调研，借助自动分析工具与用户体验监控模型，可以洞察用户体验情况和监控产品评价，并针对问题和需求进行用户体验和产品设计的优化，提升用户体验。

（四）运营监控与反馈

运营监控基于数据挖掘技术，采用大数据分析方法，可以实现运营精益化管理，通过指标数据实时监控，采取可视化数据呈现，对运营数据进行及时反馈，为运营策略的优化改进提供数据支持。

第二节　智慧运营工具之智能客服

一、智能客服概论

客户服务是运营过程中比较重要的环节，客户服务智慧化也是智慧运营解决方案中不可缺少的一部分。

智能客服是对应传统客服而言的。随着机器学习的算法日趋成熟，语义理解（NLU）技术、语音识别（ASR）技术和语音合成（TTS）等人机交互技术取得突破性发展，智能客服应运而生。依托新技术，智能客服可在网页、短信、电话、微信、APP 等渠道为客户提供自动化、及时化、精准化、人性化的客户服务。智能客服的出现分担了传统人工客服的工作压力，降低客服运营成本，提升客户体验，便于企业和客户的有效沟通。

（一）传统客服的痛点

传统客服以人工客服为主，在企业业务发展初期，业务需求量与繁杂度不高，人工客服足以胜任。但随着企业业务增长，业务复杂度提高，业务需求量与用户数量增长迅速，此时以人工客服为主的传统客服就陷入一个困境：业务的不断增长意味着扩充客服团队以及提升客服质量，久而久之，客服团队会无比庞大，企业需要负担不断增长的人力成本，但管理效率和客服质量却很难达到预期目标，企业“增负”却难以“减压”。

同时，由于传统客服应对方式比较单一，语音操作过于烦琐，很容易造成人工服务渠道的拥堵，等待时间过长，服务难以满足用户的需求，降低了客户服务满意度，甚至会因为客服应答不及时造成客户对公司的不良印象，影响公司的业务扩张。[1] 面对这一困境，传统客服亟须改变。

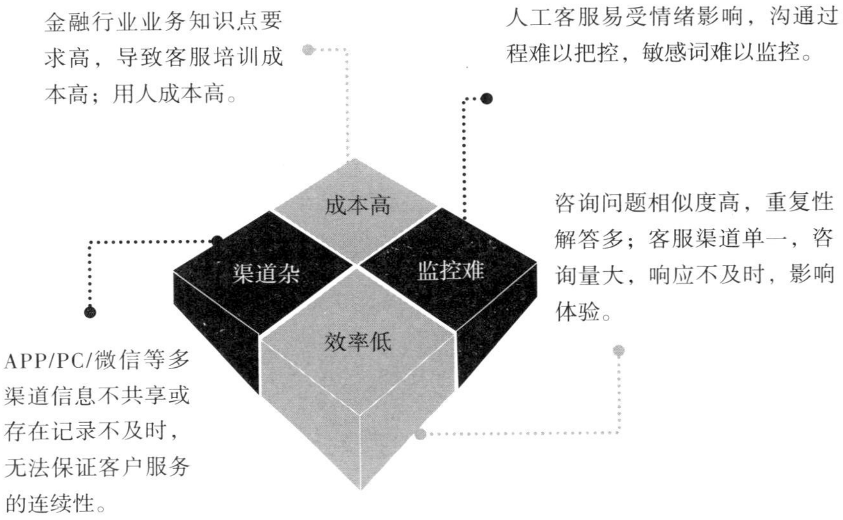

资料来源：零壹智库。

图 9–2　传统客服痛点

（二）智能客服的优势

与传统客服相比，智能客服优势众多。首先，智能客服具有全渠道接入能力，能够接入传统电话、网站和短信渠道以及微信、APP 等渠道；其次，智能客服的服务具有智能性，通过自然语言理解和多媒体交互等技术可实现自动化和智能化服务；最后，智能客服具有统一的知识管理系统，降低人工客服的理解差异带来的错误指示比率。

表 9–1　传统客服与智能客服的差异

	传统客服	智能客服
服务提供者	人	智能系统
服务形式	单一	多样

① 智慧金融研究院：《你了解智慧金融客服机器人吗？》，2018 年 11 月 6 日，见 https://mp.weixin.qq.com/s/9rpQnpAhzRMxNzOzfw67Wg。

（续表）

	传统客服	智能客服
服务时长	约 7.5 小时 / 班	24 小时
反馈时间	长	短
单位并发量	低（小于 5 人）	高（大于 100 人）
服务自主性	较强	较弱
服务成本	高	较低
服务效率	低	高

资料来源：公开资料，零壹智库。

具体地说，智能客服是将 AI 的两项关键技术——机器学习、NLP 与实际业务场景结合，融合到客户接入、客户沟通、客服辅助、客服管理等环节中，目的不是要完全取代人工客服，而是让客服人员从单调重复的任务中解放出来，增强处理效率和优化互动效果；同时，将多渠道数据链条打通，进行整合和分享，释放客户数据中潜藏的商业价值。智能客服对传统客服的改进体现在以下几点：

在客服人员数量配置上，智能客服使得客服团队人员数量增速变缓，同样的业务体量下，智能客服下所需要的人力远远小于传统客服所需要的人力。

在工作效率上，智能客服机器人可以 7×24 小时回答问题，并且可以包揽大部分的问题，减少客服在重复性问题上的时间浪费，提高了工作效率。

在用户体验上，智能客服扩大了用户的触及渠道，缩短了用户的等待时间，用户可以不受时间限制向智能客服机器人寻求帮助；通过智能质检系统，也可以对人工客服进行质检，规范客服行为，提升了用户体验。

智能客服有很多作用，但最重要的作用在于更好地解答客户问题。传统客服一般被动地接受用户的问题，然后将信息点反馈给用户，简单来说，就是用户想要了解什么就告诉他什么。在此之上，智能客服还能更主动地预测用户意图，做到“未问先答”，例如用户咨询客服的前一个操作在充值画面，那么他可能是充值失败了，客服可以根据此线索提示失败原因，指导操作方法。

谷歌在2018年谷歌I/O大会上推出了Google Assistant的新功能，即运用Google Duplex技术，针对某个特定场景自动完成整个流程，比如说“预订理发”或“预订餐厅”，用户可以直接和机器人对话发出指令，确定具体时间地点后，机器人帮用户完成后续所有操作，用户只需要到时间直接去就可以。但是对于金融这一场景而言，这一模式很难推行，因为涉及资产，用户始终会不放心全自动的操作。因此，在金融领域中，智能客服所能做的更多在于以下几个场景：

以信也科技为代表的头部互联网金融企业和大型商业银行一般都会通过自主研发，搭建自己的智能客服系统，这可以灵活地根据自身业务来进行，但需要一定的技术与人才支持。智能客服系统的开发首先需要对企业拥有的初步问答数据进行文本与数据分析，其次要进行技术上的调研，从技术上判定可行性，最后需要客服团队与技术团队的深度合作，完成系统

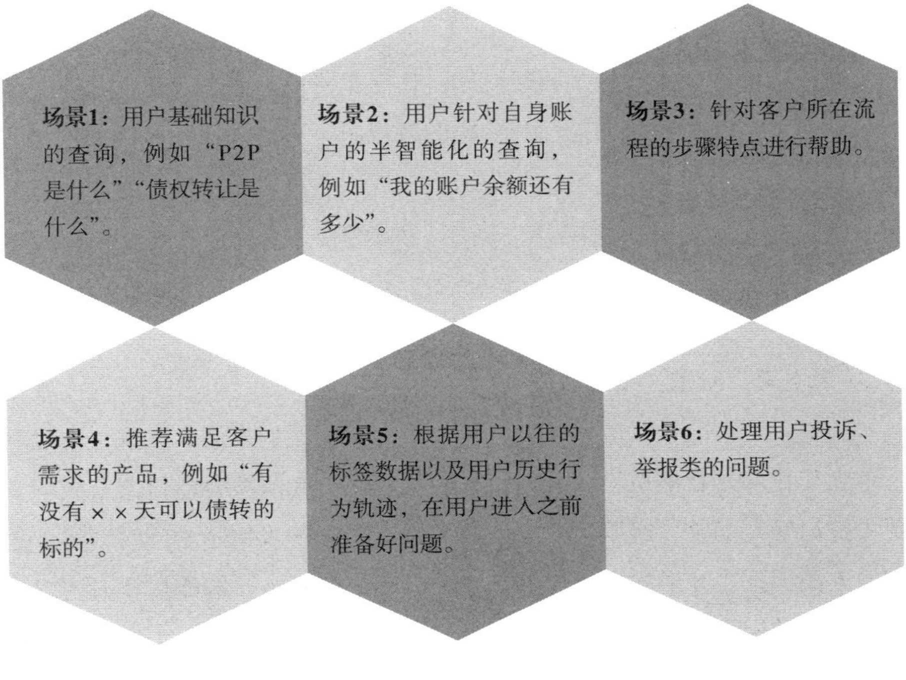

资料来源：零壹智库。

图9-3 智能客服应用场景：用户问题解答

的搭建与优化。而对于缺少自主研发实力的中小金融企业，则可以通过和金融科技公司合作，根据实际需求定制自己的智能客服。

二、智能客服的发展阶段

客户服务发展始于 20 世纪 50 年代，以 1956 年美国泛美航空公司为方便客户订票建立客服中心为开端。由此，客服经历了以硬交互技术和互联网技术为驱动的电话客服和网络客服两个阶段，技术变革推动了客服渠道的扩展，从而提升了客服效率。在 2010 年后，技术的发展再一次颠覆传统客服模式，智能客服开始兴起。智能客服以 NLP 技术和知识图谱技术等关键人工智能技术的突破进展而逐步发展壮大，目前已对企业与客户交互的各个环节产生影响，智能化不断升级提升了人工客服的效率，降低了企业客服的建设成本。智能客服的发展经历了以下三个阶段：

（一）第一阶段：萌芽阶段

此阶段的智能客服处于萌芽时期。在这个阶段，客服主要变化是客服渠道的扩展。除了传统的电话和会面的客户服务渠道外，互联网的发展为客户提供了广泛的服务入口。互联网的在线服务可以实现一个客服人员同时与多位客户沟通，在一定程度上提升了客服效率。在电话外呼智能化方面，外呼系统升级实现自动拨号以及自动应答，开始出现简单的智能化服务。

（二）第二阶段：初始阶段

随着人工智能技术的发展，智能客服有了初始的发展。在这个阶段发生重大变化的是智能机器人开始投入客服应用。此阶段智能机器人能够实现关键词触发问答，客服主要是依照关键词检索技术构建的问答系统，需要输入关键词，才能输出相应答案。经过系统的升级，智能机器人实现了从精确关键词应答到模糊关键词应答的升级。例如客户需要查询余额时输入“查询余额”和“余额查找”都能获取余额信息。但智能应答业务场景较为单一，应用范围限于系统涵盖的关键词，无法应对客户的多样化需求描述，智能化程度低，需要投入大量人力成本去输入和维护知识库。

（三）第三阶段：高速发展阶段

高速发展阶段以自然语音处理技术的发展和云技术的发展为代表。自然语音处理技术的逐渐成熟，可以将句子拆解并对每个词分析，智能客服可以根据上下文理解客户的本意，与客户进行多轮对话，解决了客户单次问题信息不完整无法作答的痛点，可以针对客户上下文信息了解到客户的本意，为客户提供个性化的服务和咨询，使得沟通顺畅。

三、智能客服的应用价值

（一）降低运营成本，提升服务效率

传统客服行业依靠人力资本，在以往中国人口红利时期，得以迅速发展。但随着中国人口红利的逐步削减，人力成本不断上升。面对这个问题，智能客服的出现，在一定程度上减轻了金融机构的负担，结果表现为减少劳动力投入，进而降低企业的运营成本。

另外，智能客服能够在传统客服的基础上，在前端完成客户的一部分需求，在智能客服不能完成客户的复杂需求时，可以转接人工服务。这种客服模式很大程度上解放了人工客服的生产力，并且提升了整个客服条线的工作效率。零壹智库调研结果显示，60% 的用户在遇到问题时会优先选择智能客服，他们认为智能客服可以代替人工客服解答诸多简单问题，这也可以推动人工客服专注于更为复杂和个性化的服务，提升人工客服的效率。

（二）提升顾客服务体验，促进客户精细化管理

智能客服不同于传统客服，其具有并发量高的特点，能够同时处理大量客户的服务请求，并且能在极短时间内作出回应，减少了客户等候时间，进而提升客户的用户体验。

一方面，通过知识和数据储备，智能客服系统的数据库中能储存大量

的术语解释和答疑，通过客户的问题描述，能够给予相应的答复，帮助客户快速了解相关业务，并且能够统计客户的读屏时间，进而将数据传输到大数据系统进行分析，从而深度了解客户的需求。最后通过大量的智能客服服务样本数据，再对机器学习和数据库进行相应的优化，进而令智能客服更好地服务客户。

另一方面，智能客服能够实现多渠道覆盖，在多种服务场景实现多样化和精细化操作。以往，客户发出服务请求时，需要人工客服在线才能为客户服务，所以大多数金融机构的客户服务都标有服务时间。而现在通过智能客服，能够随时随地满足客户的服务要求，提供全方位、全时间的服务，具有跨地区和跨时空的特点，极大地提高了客户服务的便捷性。

（三）实现精准营销，增加企业销售收益

随着智能机器人、云计算和大数据的进一步发展，智能客服还有助于金融机构增加营销收益。

一方面，通过对客户分层并进行精细化管理，根据已有的客户画像可以对客户进行精准营销，有助于提高销售成功率和客户回购率。在线下服务中，智能客服机器人能够起到助推金融产品销售的作用，进而增加企业的收入；在线上服务中，运用云计算和大数据平台，智能客服在手机银行APP、微信小程序、微信公众号中能够实现精准营销。

另一方面，在完成营销行为之后，智能客服系统还能够通过大数据平台，对客户服务中的问题数据、体验数据以及建议数据进行深度挖掘和建模分析，通过多维度数据进一步了解客户的需求，通过用户画像，反哺客服和营销行为，为精准服务和营销提供数据支撑。

四、信也科技的智能客服实践

作为智慧运营的最重要的工具之一，智能客服在互联网消费金融行业及传统金融领域均有很多实践。信也科技也是较早使用智能客服互联网消

费企业，同时也是比较早输出智能客服解决方案的金融科技公司。

信也科技研发智能客服系统的最初原因是新业务需求不断增加、用户量持续增长，且业务复杂度节节攀升，客户服务部门承受着巨大的压力，传统客服已经无法满足公司正常的业务发展。为了适应公司的业务扩张，提升用户体验，信也科技推出了能快速解决客户简单、重复问题的 24 小时在线的智能客服机器人——小娜。智能客服机器人的推出，大大节约了公司的人力和资金成本。短短一年时间内，小娜已经回答了 2400 万个问题，服务了 800 万用户，节约客服人力成本 4500 万元。

当客户打开借款 APP，点击“在线客服”，智能推荐就会根据客户以往的标签数据，以及历史行为轨迹，利用先进的机器算法，借助快速的大数据计算平台，在客户进入之前就准备好问题。如果客户想与小娜聊天，响应速度也是不遑多让的，真正做到有问必答，有求必应。

（一）丰富的知识库系统

信也科技拥有一个丰富的知识库系统，智能推荐问的基础数据就是在这几十种分类、各个复杂场景中几万条数据的知识库中，分别、分类地提炼出几千条标准问题，形成了首页推荐问题的基础数据保障，基本涵盖了客户的方方面面，如充值、提现、借款、额度、账户、投资等，可以解决客户 90% 以上的问题。

（二）一站式框架

智能推荐的后台框架结合了 ETL、工程计算、机器学习、前端展示、日志反馈等一系列高可用模块，形成了一个健康良性的高并发客服推荐计算框架。

（三）个性化推荐引擎

小娜的个性化推荐引擎在个性化先进算法框架基础上，还引入了场景引擎、规则引擎、展示引擎、大数据快速计算引擎等，形成全新的点到点的推荐引擎技术框架，系统利用用户的兴趣偏好、个性标签、行为记录对进入的用户进行多方位分类判别，从而给用户推荐最合适、最感兴趣的问题。

（四）大数据量快速计算力

信也科技有几千万的用户量，在构建智能推荐的特征变量时，结合用户的个人标签、行为记录、历史点击等相关数据，数据量会扩大至成百上千亿。特征稀疏化之后，维度更是达到几千个，这样的数据量下，计算能力往往是一个瓶颈。信也科技依靠自身的大数据计算系统，支持客服数据每天快速迭代更新，保证了客服机器人的用户体验。

（五）主流学习模型

在智能推荐模块中，信也科技采用的是 GBDT+LR 的融合模型方案，不仅解决了线性模型学习能力有限的问题，而且实现了有效特征、特征组合的自动发现，这种融合对人工来说就是一个黑匣子，只要简单地把特征丢进去就可以了，这样大大弥补了人工经验的不足，间接增强了 LR 的非线性学习能力。①

第三节　智慧运营工具之智能投顾

一、智能投顾概述

智能投顾又称机器人投顾（robo-advisor），通常泛指以现在投资理论为理论指导，结合投资者财富状况、风险偏好、投资期限等个性化信息，运用云计算、大数据、人工智能等技术搭建的算法模型，为投资者提供资产配置建议的投资顾问服务模式。

智能投顾的诞生，本质上是科技驱动业务模式创新的产物。随着金融

① 智慧金融研究院：《你了解智慧金融客服机器人吗？》，2018 年 11 月 6 日，见 https://mp.weixin.qq.com/s/9rpQnpAhzRMxNzOzfw67Wg。

市场的高速发展，金融市场产生的数据呈现爆发性增长。海量数据在给传统投顾分析带来巨大挑战的同时，也为基于海量数据挖掘分析的智能投顾模式提供了数据基础。另外，高性能芯片算力的持续增长和算法模型不断改进带来的效率提升也为智能投顾的实现提供了有力的技术支撑。算力、数据以及现代投资理论的有机结合，使得智能投顾的发展成为可能。

智能投顾的核心在于投资管理价值链中全流程的无人化、智能化运行，其服务流程主要包含以下步骤：

（一）客户画像

通过用户数据综合评估+问卷调查的模式，综合评估客户的投资期限、风险偏好、风险承受能力等因素。

（二）资产配置

根据客户画像的结果和现在投资组合模型，智能完成不同风险等级的资产组合配置。

（三）标的推荐

依托各类型智能算法，根据客户画像和资产配置的结果，系统自动从智能投顾产品的底层资产中选取不同的标的向客户推荐。

（四）交易执行

系统根据组合推荐结果，在客户授权的情况下自动完成交易执行，或对客户提醒执行提示和建议。

二、智能投顾发展历程

作为金融科技驱动业务模式创新的典型应用，智能投顾的发展与信息技术的发展进程高度契合。从计算机技术被应用于投资顾问开始，伴随着计算机在投顾业务中应用程度的逐步加深，投顾业务的发展经历了 3 个阶段：

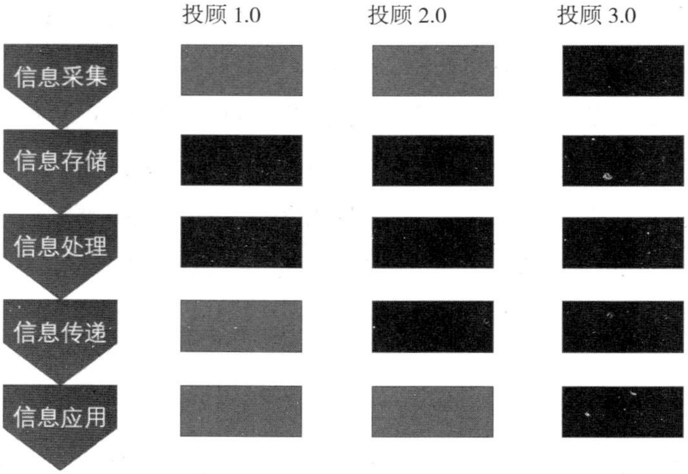

数据来源：公开资料，零壹智库。

图 9–4　计算机在智能投顾服务中的应用

在投顾 1.0 阶段，投顾人员通过计算机对相关数据进行存储和信息处理，投资组合本质上还是由人工管理，计算机只是在整个投顾业务流程中起到分析工具和辅助决策的作用。

投顾 2.0 阶段即互联网投顾时代，信息技术的迭代为投资顾问提供了丰富的金融市场分析工具，提升了投资顾问的工作效率。同时，互联网的普及使得投顾业务开始向线上迁移，使投资顾问服务的人群范围不再仅限于高净值客户，开始向中等净值人群拓展，但这一阶段的资产配置建议依然主要靠投资顾问做出，与投顾 1.0 时代的本质差别主要在于渠道上。

投顾 3.0 阶段即智能投顾时代，通过云计算、大数据、人工智能等新技术的综合应用，实现了在投资决策中信息采集、信息存储、信息处理、信息传递及信息应用五大关键环节的全流程智能化处理，标志着投顾服务正式步入智能化时代。

智能投顾的出现，依托各类新技术与现代投资管理理论的结合，为广大中小投资者提供了一种低价高效的解决方案，使得投顾服务群体实现了从中高净值人群向长尾客群的有效扩展。相较于传统投顾服务模式，智能投顾具备如下优势：

（一）管理费率低

传统投顾主要依靠人工服务的特点，决定了其较为高昂的服务成本，其收费按照资产管理规模计算普遍在 1%~3% 之间；而智能投顾依靠计算机庞大的处理能力，可以服务海量客服，成本低廉，普遍收费在 0.5% 以下，或仅收取交易渠道费用。

（二）投资门槛低

传统投顾服务模式多以私人顾问模式呈现，投资门槛较高且覆盖群体较少；而智能投顾依托互联网渠道服务客户，具备可批量复制的优势，边际成本随着服务客户数量的增加逐步降低，因此其投资门槛普遍较低甚至无门槛。

（三）高效便捷

智能投顾服务全流程互联网化，客户可以根据自己的诉求自主操作，避免了人为服务的时空局限性，可以实现对于客户需求的 7×24 小时响应。

（四）风险有效分散

传统投资顾问依赖人工服务，投资顾问水平良莠不齐，严重影响了投资者的投资收益水平；而智能投顾严格按照算法模型进行投资，在充分了解投资者诉求的基础上进行投资，资产配置充分分散，在满足投资者收益诉求的同时，实现了投资风险的有效分散。

（五）理性客观

传统投顾模式下，人性的贪婪和恐惧是制约投资顾问做出正确决策的最大障碍；而智能投顾所有决策均由智能算法自动给出，可以有效地将情绪对于投资决策的影响降到最低。

三、智能投顾的实践

信也科技研发了面向出借人的智能投顾的解决方案，但主要是帮助出借人更好地选择标的和自主设计投资组合的工具，目前还不涉及其他理财产品的选择。

基于用户需求和产品丰富度，当前智能投顾的应用主要还是在券商和银行领域。

（一）券商的应用

当前，我国券商均已完成移动端用户迁移，为智能投顾的推广提供了良好的平台基础。券商依托移动平台和证券投资者账户开展智能投顾业务，为客户提供了包含 A 股、债券、ETF、分级基金、主动型基金、理财等丰富的底层资产，可以较好地满足客户个性化的资产配置需求。

从客户的视角来看，券商的客户有着较强的投资理财意识和一定的风险承受能力，是智能投顾业务开展最为理想的目标客群，便于券商高效导入客户。以收取交易佣金为主的渠道分成盈利模式，在用户心理上也更易被普通投资者所接受。

此外，券商长期专注于资本市场研究，人才储备较为充分，在模型、算法的开发上具备一定先发优势，券商高度专业化的标签，也使其投顾产品更容易获得用户青睐。

资料来源：公开资料，零壹智库。

图 9–5　部分券商系智能投顾

（二）银行的应用

智能投顾作为零售银行财富管理业务中不可或缺的一环，正逐步受到各大银行的关注。自 2016 年招商银行推出摩羯智能投顾以来，工商银行、广发银行、光大银行、建设银行等众多银行纷纷推出智能投顾产品。

截至 2018 年年末，我国银行业净利润已突破 1.8 万亿，银行依托其雄厚的资金实力，近年来纷纷加码金融科技投入，在人工智能、大数据、云计算等智能投顾底层技术上，拥有一定的技术积淀，为银行系智能投顾产品的发展提供了良好的技术支持。

商业银行的客户群体层次多样，涵盖了社会各年龄段不同收入的各个群体，为智能投顾的产品积累了海量的客群基础。同时，银行除了拥有海量的线下物理网点外，还可以通过微信、网络银行、手机银行等多渠道高频接触客户，依托银行庞大的客服和理财经理营销团队，可以实现智能投顾产品的快速推广。

【应用实践：商业银行与智能投顾结合体——摩羯智投】

摩羯智投是招商银行在招商 APP5.0 版本中推出的服务。招商银行通过自身十余年的财富管理经验与机器学习算法的深度应用，通过摩羯智投实现了人工智能与基金投资的有机结合，为客户提供以公募基金为底层资产，基于全球金融市场走势的资产配置服务。摩羯智投分为基金诊断、自

资料来源：公开资料，零壹智库。

图 9–6　部分银行系智能投顾

助选基、聪明定投、摩羯星空、摩羯组合五大功能模块。

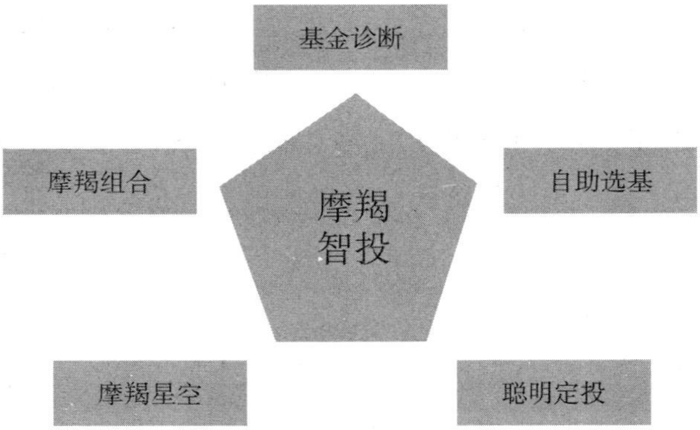

资料来源：公开资料，零壹智库。

图 9-7　摩羯智投包含模块

基金诊断：通过和招商银行“五星之选”基金优选模型的融合，从多个维度对基金经理、基金产品、基金公司进行全面评价，并提供一键智能诊断服务，辅助投资者决策。

自助选基：以招行“五星之选”基金优选模型为基础，结合投资期限、风险偏好等用户自主设置的多项指标，为客户甄选基金。

聪明定投：聪明定投是定投和智能决策的结合，通过智能投顾系统对市场近期走势的综合分析，在市场走势偏离历史走势中枢时智能调节定投金额，实现定投额度针对市场走势的智能调节。

摩羯星空：投资知识平台，为用户提供金融咨询和投资者教育服务。

摩羯组合：摩羯组合为用户提供人工智能的智能理财服务，以机器学习和专业投资理论为基础，通过以公募基金为底层资产的全球资产配置，实现分散风险和资产保值、增值的目的。摩羯智能投顾通过投资者风险偏好（1—10 级）和投资期限（0—1 年、1—3 年、3 年以上）对投资组合进行大致划分，并给出了各风险等级和投资年限的预期年化收益率。

表 9-2 摩羯智投风险等级

风险等级	预期年化收益（%）		
	0—1 年	1—3 年	3 年以上
1	5.01	5.12	5.23
2	5.3	5.39	5.53
3	5.88	6.03	6.48
4	6.64	6.8	6.96
5	7.13	7.3	7.47
6	7.64	7.81	7.99
7	8.18	8.36	8.56
8	8.75	8.96	9.18
9	9.41	9.65	9.92
10	10.22	10.6	11.32

数据来源：公开资料，零壹智库。

根据招商银行披露的数据，其摩羯组合平均收益率力压同期业绩基准，平均回撤率仅为 4.8%。同时，其“五星之选”组合模型在 A 股市场波动较大且走势疲软的情况下，成功实现了连续 3 年正收益，特别是其“五星之选——权益类”组合收益率更是大幅跑赢同期沪深 300 指数。招商银行摩羯智投系统自上线以来便广获好评，上市不到半年购买规模便超过 50 亿。

第十章　从全生命周期构建运营体系

第一节　构建用户画像系统

对于企业来说，一个平台可能会有数以千万计的注册用户需要触达，为了更好地实现智慧运营，进行精细化营销与用户管理，需要基于大数据构建用户画像系统，以便对用户进行层级分类与画像刻画。

以资金端投资用户为例，根据注册时间长短与投资金额大小可以将客户分为新客、老客、大客、潜在新客等。其中新客是刚刚注册或首次投资时长较短的客户；老客是注册时间较长且交易次数较多的客户；大客是投资有一段时间且投资金额较高的客户；而潜在新客则是已注册但尚未有有效投资行为的客户。

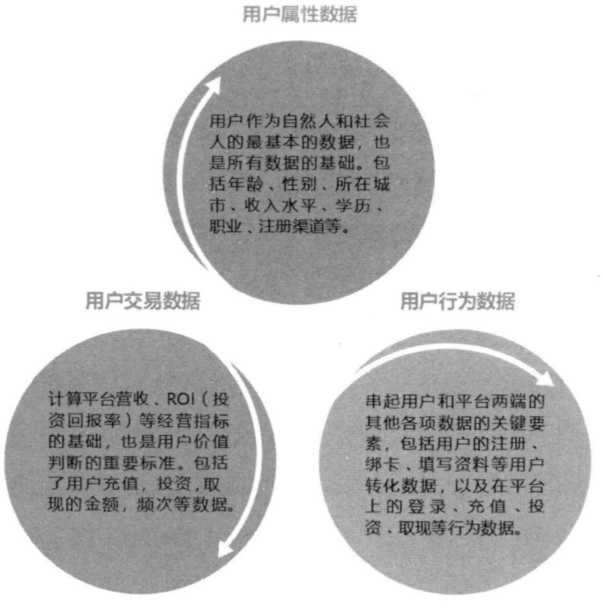

资料来源：公开资料整理，零壹智库。

图 10–1　用户画像的数据维度

在对用户进行分类的同时还需要对这些用户做用户画像。一个完整的用户画像包括了用户属性数据、用户行为数据、用户交易数据等。构建用户画像最重要的价值是了解自己的用户是什么样的一群人，从而对用户进行更好的分层，产品设计要考虑在不同的用户分层中设计不同的流程和分支，展现层也必须不一样。用户画像可以帮助平台更精细化地触达和运营用户，甚至为后续做自动化推荐形成较好的积累。

第二节　优化用户转化流程

在对用户进行分类并构建用户画像之后，基于所掌握的用户数据，对平台的不同生命周期的用户进行差异化的运营服务，并在具体的用户转化流程中，根据每个环节的具体情况，对用户转化率进行有针对性的持续优化，对平台用户实现快速和持续增长的目标。

从信也科技的案例来看，其用户转化流程大致如下：[①]

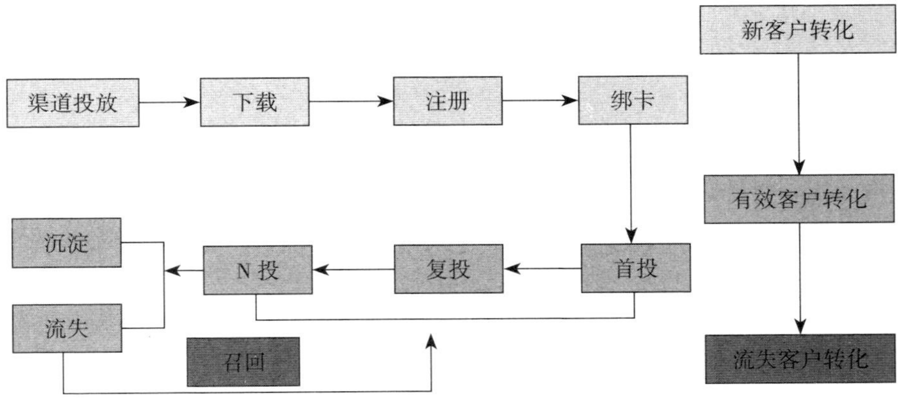

资料来源：公开资料整理，零壹智库。

图 10–2　信也科技用户转化流程示意图

① 智慧金融研究院：《维护 6000 万用户关系要多少时间？智慧金融平台一溜烟就搞定了》，2018 年 3 月 14 日，见 https：//mp.weixin.qq.com/s/DCxF2N8RfmqP1GtzTdluTA。

获客阶段的新客户转化：首先，信也科技会进行获客渠道投放，用户通过各种营销渠道了解认识信也科技的产品，接着感兴趣的客户进行下载、注册，并绑定支付账户，至此就完成了获客阶段的转化。在这个阶段中，每个渠道的用户转化率会存在差异，相比之下，用户推荐这一渠道转化率非常高，因此信也科技会经常开展人脉活动。但进入实名与绑卡阶段，转化率就开始逐步降低。为了提高绑卡成功率，信也科技会设置一些鼓励用户绑卡的活动，比如绑卡即送投资红包，帮助投资转化。送投资红包也有助于用户了解信也科技的不同投资方式，在一定程度上完成了新手引导。

交易阶段的有效客户转化：在首次投资之后，用户的继续投资是下一个重点，信也科技会挑选出有投资潜力的人进行引导，在提升转化率的同时提高人均投资金额。

维护阶段的流失客户转化：一些用户在投资一段时间后可能会因为种种原因流失，因此对于流失的用户，需要在充分了解客户需求的基础上，通过提供定制化服务等方式降低流失率，提高召回率。

从信也科技的用户转化过程来看，用户转化从渠道导入开始，之后每一个步骤都会有一定的用户流失，用户转化率也逐步降低。如何提高每一个步骤的用户转化率，是用户转化与管理的重心。

第三节　全生命周期运营实践

一、生命周期理论

用户生命周期通常分成五个阶段，分别是：引入期、成长期、成熟期、休眠期、流失期。当用户处于不同发展阶段时，用户的价值也会产生相应的变化。因此，可以通过用户的行为判断其所处的阶段，并针对不同阶段设计相对应的策略以提高转化率。[①]

---

① 智慧金融研究院：《维护 6000 万用户关系要多少时间？智慧金融平台一溜烟就搞定了》，2018 年 3 月 14 日，见 https://mp.weixin.qq.com/s/DCxF2N8RfmqP1GtzTdluTA。

二、增长黑客理论（AARRR 转化漏斗模型）

增长黑客的概念最早由美国的互联网创业者 Sean Ellis 提出，是介于技术和市场之间的新型团队角色，是“一群以数据驱动营销、以市场指导产品，通过技术化手段贯彻增长的人”。[①] 增长黑客主要依靠技术和数据的力量来实现用户转化，达成营销目标。根据不同阶段用户参与行为的深度和类型，可以将增长黑客的增长目标拆分概括为 AARRR 转化漏斗模型。

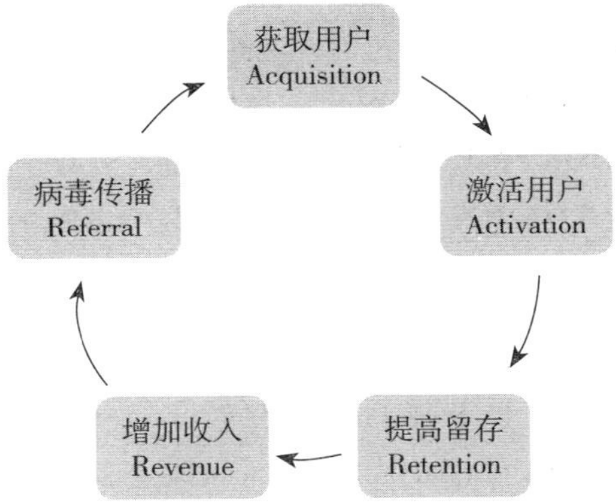

资料来源：公开资料整理，零壹智库。

图 10–3 增长黑客 AARRR 转化流程

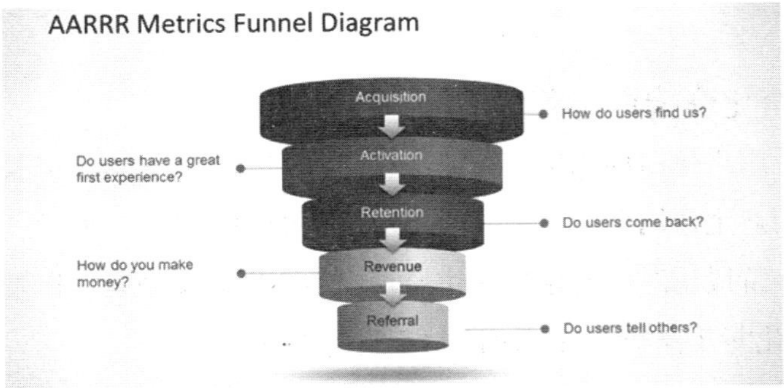

资料来源：slidemodel.com。[②]

图 10–4 AARRR 转化漏斗模型

① 范冰：《增长黑客——创业公司的用户与收入增长秘籍》，电子工业出版社 2015 年版，第 22 页。

② 图片来源链接：https://slidemodel.com/templates/aarrr-metrics-funnel-diagram-powerpoint/。

和生命周期一样，AARRR 转化漏斗模型按照每个阶段的重点和增长目标不同，也可以分为五个阶段，分别为：获取用户、激发活跃、提高留存、增加收入、病毒传播。根据每个阶段具体目标的不同，企业可以采取不同的运营策略，以最终实现精细化客户管理、提高有效客户转化率的目的。

表 10-1　AARRR 转化漏斗模型五个阶段概述

阶段目标	概述
获取用户	获取用户是从零开始导入第一批种子用户的过程，企业通过渠道投放，吸引流量，实现用户量的增长。
激发活跃	获取用户之后，就需要激发用户的活跃度，使其成为长期活跃的忠实用户，带来价值。
提高留存	在不断有新用户进入活跃的同时，也会存在一部分老用户的流失，如何增加用户黏性、提高用户留存率是这一阶段的重点。可以通过新手引导、有损设计和唤醒机制三种方式提高用户留存率。
增加收入	这一阶段的重点在于如何在现有条件下创造更多的收入。
病毒传播	基于用户关系的病毒传播是增长黑客的核心环节。裂变的前提在于用户需求，裂变的基础在于忠实粉丝，裂变的核心在于激励机制。

资料来源：公开资料整理，零壹智库。

三、全生命周期运营体系

在整个用户生命周期中，可以将用户分类为新手用户、成长用户与成熟用户，用户生命周期的每一阶段对应不同的用户类别。同时，用户生命周期的每一阶段也对应着用户转化流程中的不同转化节点，以及增长黑客 AARRR 转化漏斗模型中每一阶段的不同增长目标。

表 10-2　用户生命周期对应用户类别、转化节点、增长目标

用户生命周期	用户类别	转化节点	增长目标
引入期	新手客户	渠道导入→下载→注册	获取用户
		用户传播→下载→注册	病毒传播

（续表）

用户生命周期	用户类别	转化节点	增长目标
成长期	成长客户	注册→绑卡→投资	激活用户
成熟期	成熟客户	首投→复投→N 投	提高留存 增加收入
休眠期	成熟客户	投资→流失	提高留存
流失期	成熟客户	流失→召回→投资	提高留存

资料来源：公开资料整理，零壹智库。

（一）引入期

引入期的运营目标在于获取用户。获取用户一般有两种方法：一种是渠道导入，可以利用大数据进行渠道精准投放与渠道优化，获取目标用户；另一种是利用口碑传播，导入自然流量。

以拍拍贷资金端的用户引入期管理为例，拍拍贷并不是将重点放在单纯地呈现给用户一个收益稳定、零逾期的产品模式，而是从投资人教育、投资人收益、用户体验层面出发不断进行改进和优化，从而通过口碑传播吸引自然流量进入，通过这种模式所拓展到的用户转化率也会较高。因此，在用户管理过程中，拍拍贷会更加注重投资者教育，投入大量时间和精力去普及投资者基础知识。拍拍贷认为，相较于盲从而来的用户，通过投资者教育留存下来的客户所做的传播会有助于好口碑的形成和品牌效应的打造。

（二）成长期

成长期的运营目标在于激发用户的活跃度。这个阶段的用户为刚刚注册或准备开始下一阶段行动的客户，对于这些客户，可以在用户画像的基础上，根据不同类别客户的差异化需求，采用一些运营和营销策略，例如送优惠券或送话费，以鼓励用户深度使用，刺激用户进行下一操作行为。另外，怎样将有限的销售人员服务对接到合适的客户，找出更有投资潜力和投资意愿的新客，将其发展为有效客户也是亟须解决的问题。

以拍拍贷为例，拍拍贷新客投资模型包括意愿模型与能力模型，意愿模型的 target 是看客户是否有效投资，而能力模型的 target 是看客户首次投资过后 45 天内的投资是否超过一定的额度。根据能力模型和意愿模型的分数，可以将客户分成四个维度：高能力高意愿、高能力低意愿、低能力高意愿和低能力低意愿。销售人员可以根据模型分找到有较高投资能力或投资意愿的人进行用户管理维护，这样在提高销售人员的工作效率的同时也提高了用户的体验。

（三）成熟期

成熟期的运营目标在于提高用户的复购率。这一阶段需要对用户进行分类画像，精准地把握用户需求，通过用户的分层和分析，针对不同的用户提供不同的营销措施促进用户成长，从而实现一转二,二转三，提升复购率。例如对于容易被激励措施吸引的用户，采用提升贷款额度之类的激励措施来促进用户复购；对于高净值的用户，提供一站式理财，满足用户的财富管理需求。

成熟期的运营策略需要侧重以下几点：

提升用户体验。利用人工智能，在合适的时机对用户进行提醒，可以提升用户体验。例如当用户账户余额较多，人工智能可以提醒用户调整策略，避免用户账户过多余钱站岗，保证用户收益。

满足用户的个性化需求。为了满足不同客群的不同需求，拍拍贷提供了一个开放平台——OpenAPI，将所有的数据脱敏之后向开发者公开，开发者可以申请接入。基于这个平台开发者可以进行分析、预警、投标和债转等，有利于培养一个生态或社区闭环，越来越多的玩家或者投资人在数据公开的情况下，共同进行研究工作，比如投资策略、账单分析、逾期预警系统等产品的创新，有助于更好地满足“千人千面”的个性化需求。

（四）休眠期

休眠期的运营目标在于提高用户留存率，唤醒沉睡用户。当用户进入休眠期之后，也可以通过优惠券发放等方式唤醒用户，以好产品提示用户，重新唤醒用户的使用欲望。

（五）流失期

流失期的运营目标在于召回用户。用户因为一些原因从平台撤资流失时（流失期），如果能提前得知哪些用户有撤资流失倾向，就可以通过一些人工介入行为来防止用户的流失。

以拍拍贷撤资模型为例，撤资模型的 target 设为用户在打分点未来一个月内撤资的比例是否超过总资产比例的 50%，模型中表现较为明显的变量则是用户过去几个月的投资、撤资、充值的行为以及最近的投资收益率。

第四节　量化用户体验评估

在产品同质化现象日益普遍的竞争环境下，用户体验对于销售的成功率及客户回购率的影响越来越大，提升用户体验也因此成为企业进行流程改造和智慧化运营的重要目标之一。通过模型将用户体验的评估进行量化将有助于企业实施跟进智能化升级过程中所存在的问题，从而可以对模型中反馈出的客户投诉较多、体验较差的环节进行针对性的改进。量化用户体验评估不仅可以节省企业的时间和成本，更有助于提升企业智慧化运营的效率和成果落地的可行性。

目前业内主流的用户体验研究方法是 Google 的 HEART 模型。用户体验一直面临着难以定量的问题，或者说一般比较主观，HEART 模型则能较好地通过一些指标和表现来量化评估用户体验，主要指标包括：愉悦感、参与度、接受度、留存率、任务完成率等。

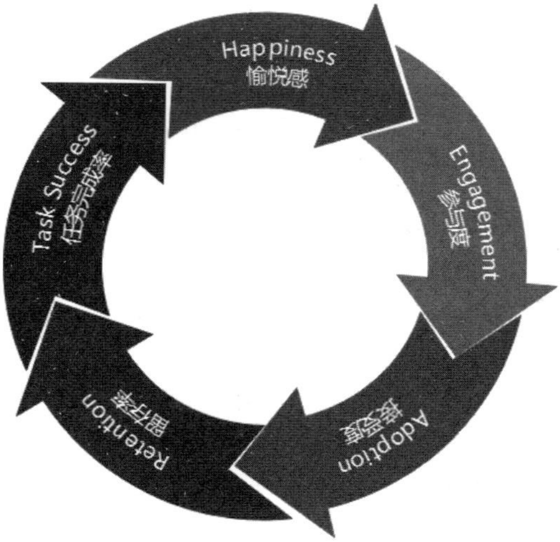

资料来源：公开资料整理，零壹智库。

图 10-5　Google Heart 模型

表 10-3　Google Heart 模型指标概述

指标	描述
Happiness（愉悦感）	结合用户的满意度来衡量，涉及定性与定量方法，定量方法方面一般用调查问卷，每次 APP 新版迭代后，在特定的入口发放问卷，了解新增功能有没有达到用户预期等问题，也会通过 NPS（净推荐值）打分评测用户是否会将新版本推荐给亲朋好友。
Engagement（参与度）	通常用来作为一段时期内用户访问的频度、强度或互动深度的综合[①]。业内通用的做法是在关键的环节上埋点，监测用户的诸多行为数据，包括 PV（页面浏览量）、UV（独立访客数）等指标在改版前后的变化情况。
Adoption（接受度）	在流程里对老用户加强关怀，对新用户加强引导和教育，同时，会通过定量、行为数据的方式去看用户对新功能的满意度和接受度。
Retention（留存率）	例如某个用户在第一天是活跃的，T+N 天后看看他是否还活跃，以此监测用户的留存率。
Task Success（任务完成率）	一般是在关键环节埋点，通过漏斗模型监测用户在每一个步骤的衰竭（转化率）大概是怎样的，是否符合期望。如果某些特定环节有明显衰减或不符合期望，则平台将依此发现相关问题，随后跟踪、定位和解决问题。

资料来源：公开资料整理，零壹智库。

① 《Google 用户体验指标衡量方案：HEART》，2011 年 7 月 7 日，见 https://www.biaodianfu.com/google-user-centered-metrics.html。

在具体的操作方法上，会综合使用定量、定性方法。定量方面包括问卷调查、AB test、行为数据分析等；定性方法则更主观一些，比如用户访谈、焦点小组、投资人见面会等，会针对明确的项目、特定的产品等做一些定性的访谈，得到优化的建议等。

第十一章　金融机构的智慧化运营

第一节　金融机构运营痛点

金融机构的运营主要是围绕客户服务的全流程展开的，由于组织架构、风险控制等原因，普遍存在业务流程复杂、客户信息无法实时共享、部门之间协作失调等问题，因此会出现信息反馈时间过长、客户体验较差等结果。银行是传统金融机构的重要组织部分，由于银行业的特点及业务性质，与客户的交互过程往往能够反映出很多金融机构普遍存在的问题，因此以银行为例，对金融机构固有的运营模式所存在的问题进行阐述。

银行部门繁多，风控严格，客户从业务申请到得到反馈的时间过长；另外，由于操作规程以及部门沟通机制等问题，银行前台、中台、后台所掌握的客户信息无法实时传递共享，因此会造成因不能及时洞察客户需求而服务不到位甚至是客户流失的现象。从整个运营流程来看，目前银行的传统运营模式中存在的问题主要集中在与客户服务和客户体验相关的关键环节，包括：客户接触环节、客户交互环节、使用与办理环节。

一、客户接触环节

随着经济的发展，互联网的普及，银行的客户群体及其需求都发生了相应的变化，银行只有及时更新客户群体呈现出的新特征，才能为客户提供更为精准的服务。总体来说，当前的银行客户群体具有以下特点：

（一）客户类型多样化

银行的客户群体日益长尾化，迥异的学历、收入、工作等特征决定了其对银行服务的需求各不相同。

（二）客户需求多元化

客户需求由过去单一的储蓄、转账等基础服务，向消费信贷、投资理财、支付等多领域延伸。

（三）客户需求场景化、碎片化

客户不再满足于前往银行获取服务，而期待在生活中诸如餐饮、出行、生活缴费等各类场景，随时地根据需求享受银行提供的服务。

在客户类型的多样化和需求日益多元化、场景化、碎片化的当下，传统银行业以网点为核心驱动的运营模式，受制于物理网点服务的时空局限，狭窄的客户接触渠道难以在愈发丰富的需求场景与客户接触，进而提供服务。

二、客户交互环节

客户的交互环节是银行客户在业务办理之前最关键的环节。交互过程的关键在于准确、迅速地响应客户的需求，促成业务办理。优秀的交互过程，可以充分响应并挖掘客户需求，有效地推荐相应的产品和服务，在节省客户时间，提升客户体验的同时，促成更多的服务 / 产品成交。随着银行业务的不断拓展，基于网点客服人员的客户交互模式的缺点越发显现。

（一）客服人员专业能力有待提高

金融服务、金融产品类型的不断增加，交互环节对客服人员专业知识储备和沟通技巧的要求愈发提高。受限于客服人员的专业能力，冗长的沟通环节难以准确、高效地响应客户需求，同时无法获得全面和动态的客户数据，最终导致难以精准的根据客户需求提供服务。

（二）部门之间的协调机制有待改善

在整个沟通与交互环节，依托于线下网点和客服人员的接触与交互模式，在投资理财、信贷、储蓄等服务模块间缺乏信息交互，难以形成协同效应。另外，受制于银行网点服务的时空局限，难以打造银行服务的生态闭环。

三、使用与办理环节

使用与办理环节是影响客户体验的关键环节，影响使用与办理环节客户体验的维度有三个：办理的便捷度、业务响应速度和客户需求响应程度。

（一）业务办理流程冗杂

线下营业网点的业务办理流程，大致可以划分为业务咨询、表单填写、身份识别、业务签约 / 办理等几个环节。办理不同的业务，客户需要填写大量的业务申请表单，表单设计不仅繁杂，客户往往还需要在不同的表单中大量填写重复信息，过程冗长。同时，柜台业务的办理还涉及排队等候、身份识别、业务办理等候、业务反馈等大量环节。办理过程中大量的空白等待期，耗时冗长、效率低下，极大地影响客户体验。

（二）需求响应速度低下

在整个业务办理环节中，对于客户需求的响应速度也是影响客户体验的关键要素之一，以传统银行的信贷审批为例，其涉及贷款申请、业务受理、贷款审核、信贷审批、合同签订等多个环节。

传统银行的以人工审核为主的信贷审批流程，环节冗长复杂，不同环节的工作人员分离，全流程涉及多个报送、移交环节，耗时漫长、效率低下，客户需要经历数天到数月不等的漫长等待，银行对于客户需求的响应速度低下。

（三）需求响应程度不足

客户需求响应程度，主要分为深度和广度两个维度，前者是指银行能在何种程度上满足客户需求，后者主要指银行能在哪些方面、哪些场景为客户提供优质服务。

在客户需求响应的广度上，面对客户日益多样化、场景化的需求，传统银行业基于网点的服务模式显得越发力不从心，网点服务的时空局限性在用户的需求响应上形成了越来越多的需求响应盲区。

在客户需求响应的深度上，互联网改变了信息的传递和获取方式，随着互联网普及程度的大幅提高，客户可以轻松地在互联网上获取投资理财的咨询。客户在家庭财富积累和投资理财理念上变得日益成熟，直接促成了客户对于银行服务需求深度的转变，客户不再满足于从银行获取简单的咨询服务，而希望从银行获取客制化、专业化的投资理财建议。受限于银行网点的设施能力和服务人员数量，银行服务的深度越发难以匹配客户的需求。

第二节　客户倒逼，必须智慧化运营

客户是银行发展的基石，只有服务好客户才能谋求长足发展，智慧运营可以从方法论和运营工具层面助力传统金融改造运营流程、提高运营效率，不仅可以降低银行的运营成本，同时有助于改善银行的服务质量，提升客户服务体验。具体来说，运营流程的智慧化变革对于银行的主要价值如下：

一、提高客户忠诚度

国内外多项研究结果已经证实客户体验能够影响客户的偏好和购买决策，从而影响对品牌的忠诚度。银行通过技术手段进行运营流程的智慧化改革，为客户提供持续的优良客户体验，从而能够增强客户的感情性归属感和持续归属感，客户的归属感越强，越容易形成感情依赖，忠诚度越牢固。[①] 良好的体验感有助于增强客户黏性，提高客户留存率和终身价值。因此，银行可以通过为客户提供良好的浏览服务、互动体验、场景体验以及定制化、个性化服务等措施来提升客户体验，从而提高银行的品牌竞争力。

二、提升银行服务效率

渠道建设是智慧化运营的一个重要方面，目前很多银行已经开始建设

---

① 王一凡：《电子银行产品客户体验对客户忠诚的作用机制研究》，《投资研究》2018 年第 1 期。

全渠道服务体系，即将网点渠道、电话渠道、网络渠道的信息进行金融智慧化运营，以为客户提供更为及时和专业的服务。银行应用人工智能、大数据等技术实现业务系统的智能化，既可以在一定程度上替代人力投入，减少银行工作人员繁杂琐碎的工作内容，释放出的劳动力可以转移到更有价值的服务环节，从而实现降本增效的目标；同时又可以通过24小时的智能客服系统及时响应客户需求，从而有助于提升客户满意度，提高银行的服务效率。

三、提高银行营业收入

客户服务的改进和推荐产品的精准化发展可以促进银行的业务收入的提高，提升银行营收水平。通过构建客户画像，量化客户体验，不仅有利于银行针对细分人群进行精准服务，提升客户满意度，同时也可以通过客户的反馈信息挖掘客户的真正需求，及时调整服务内容、改进服务方法，并通过对客户行为的预测为新业务提供决策支持。Avanade的调研数据表明企业对客户体验的投资能够提升企业利润水平，在客户体验上每投入1美元，可为企业带来平均3美元的投资回报，在金融业客户体验投资回报高达5美元。[①] IBM预测银行将数字化技术应用在流程自动化、新产品创造、法规遵从改善和客户体验时可将净利润提升40%以上。[②]

总的来说，运营的智慧化发展既是银行降本增效、沉淀客户基石的目标驱动，同时也是客户对于服务效率、服务体验等方面的个性化需求的倒逼。一方面，银行通过智能化服务及时发现并满足客户需求，通过客户画像为客户提供“千人千面”的定制化服务，有助于增加客户忠诚度，提升客户重复购买率，从而提高银行的整体收入；另一方面，在产品同质化日益严重的今天，客户会优先选择体验较好、满意度较高的银行网点，这种选择又会倒逼银行进行流程优化、服务提升和智慧化转型。因此，智能化

① Avanade：《客户体验与企业利润息息相关》。

② IBM：《银行的蜕变，新世代银行破而后立》，节选自《IBM商业价值研究院》，2015年10月。

运营的发展对于银行的整体转型来说势在必行，且大有裨益。

第三节　银行智慧化运营举例

一、银行客服智慧化

近些年来，银行秉持“以客户为中心”的理念，积极对传统的客户服务工作进行改革，智能客服对银行零售业务升级有重要作用。目前智能客服在银行业的普及率相对较高，主要以人机协同为主，多渠道的智能客服和传统人工客服的结合是目前大多数银行智能客服的发展现状。银行选择人机协同一方面是由于智能客服的智能化程度有限，无法弥补个性化服务上的短板；另一方面也是客户对人工智能适应性还不强，部分客户尤其是一些中老年客户学习成本高，尚无法独立完成智能客服流程的操作。

人机协同机制一般应用于客户服务中的前端环节，智能客服系统在接收到客户服务请求时，先为客户提供自助式的便捷智能客服解决方式，能够满足客户简单咨询或查询问题的需求。当智能客服无法满足客户需求时，将会转入到人工客服，在转入过程中，人工客服根据智能客服的应答记录快速了解客户的需求，减少沟通成本，快速为客户解决问题。与此同时，人工客服根据转入的高频客户需求向技术团队反馈，及时将高频需求对接入智能客服的知识库，便于智能客服后续为客户提供准确直接的答案。

对于银行而言，如果能够及时察觉到客户的服务体验，在客户寻求帮助前为客户提供解决方案，可以一定程度上提升客户体验，从而逐渐改变客户对智能客服的接受程度。通过对前期积累的客户信息进行分析，为客户可能需要的服务主动提供解决方案，可以在保证用户体验提升的基础上逐渐让用户适应智能客服的服务，逐步增加寻求智能客服帮助的频次，进而才能更大程度地解除人工客服压力，使得人工客服专注于更专业、更高端、更高价值的服务。

【案例一】ATOM 银行：SIP 云客服提升客户体验

ATOM 银行创立于 2014 年，是英国首家手机银行，所有业务均基于手机 APP 实现。ATOM 在 2015 年获得英国银行营业执照，成为首家获得此牌照的移动银行服务商，业务涵盖开户、抵押贷款、移动支付等。2016 年公司正式推出手机银行 APP，提供个人和企业银行产品。客户可通过语音或人脸识别登录 APP，并能享受全天候的 24 小时客户服务。①

为了提升客户体验，ATOM 银行采用 Genesys 的 SIP 云客服中心解决方案，该方案支持智能 APP 的应用，以完成所有的银行业务。方案实施后，ATOM 银行的客户可以利用语音呼叫，网络聊天电子邮件或社交媒体，安全地完成银行业务操作。②

【案例二】苏格兰皇家银行："混合机器人"识别用户情绪

在全球金融危机之后，苏格兰皇家银行（RBS）一直处于激烈竞争的市场中，为了吸引并留住更多用户，苏格兰皇家银行开始转变其战略定位，从销售驱动型转变为以用户为中心。2017 年，苏格兰皇家银行数据科学和用户决策负责人 Jessica Cuthbertson 在公开场合演讲时提到，随着技术的改变，他们拥有对数据更好的洞察力，能从被动服务转化为主动服务，为用户提供更合适的意见。例如，过去，苏格兰皇家银行会为主动要求金融业务咨询的用户提供建议；现在，当苏格兰皇家银行看到一个用户不断透支他们的银行账户时，银行会主动给这个用户打电话，给他们提供财务建议。Cuthbertson 说："我们会持续不断地与用户进行交互，尽力做到以用户为中心。"此外，苏格兰皇家银行结合了大数据分析技术，包括非结构化和文本数据，以便更清晰地了解投诉，从而为客户提供更快的解决方案。通过投诉数据和客户交互数据之间的关系，苏格兰皇家银行已经能够识别并解决服务或流程故障。③

---

① 《英国手机银行 Atom Bank 获 1.02 亿美元融资，估值达 3.2 亿美元》，2017 年 3 月 6 日，见 https：//36kr.com/p/5065744.html。

② 《英国 ATOM 银行数字银行，引领客服新时代》，见 https：//www.genesys.com/zh-cn/customer-stories/atom-2。

③ "RBS Uses Analytics To Make Customer Service More Than Just A Slogan"，https：//www.forbes.com/sites/tomgroenfeldt/2018/05/03/rbs-uses-analytics-to-make-customer-service-more-than-just-a-slogan/#6dad049c2108，2018-05-03.

在人工智能技术应用方面，苏格兰皇家银行引用了“混合机器人”供用户查询业务。该机器人使用 LivePerson 开发的基于云的 AI 和 Nanorep 的自助服务软件，可以智能地回答常见的问题。在对话过程中，机器人会通过自然语言处理技术和机器学习算法，实时判断用户回复的文本中情绪的转变，判断是否需要人工干预。[①]

【案例三】建设银行：智能语音导航系统提供闭环服务

2018 年 10 月，中国建行携手鸟瞰智能打造建行的 3D 虚拟智能平台，该平台应用大数据、人工智能等技术构建起为客户提供智能化、及时性服务的智能语音导航系统。

与传统银行 APP 和网页端的自助服务模式不同的是，建行的智能语音导航系统将银行提供的服务全部场景化，形成闭环的智能服务体系，在售前助理、业务助理、生活助理、智能推荐、全景导航和要事提醒六大板块为客户提供助理式服务，提升了客户办理业务的效率，有效节约了银行工作人员的时间成本。

【案例四】工商银行：“工小智”日均服务近 57 万笔

在虚拟机器人领域，多家公司已经推出了线上智能机器人系统，客户可以通过输入文字或发送语音来与虚拟机器人互动，享受快捷的客户服务。

工商银行虚拟智能客服机器人“工小智”于 2016 年正式上线。“工小智”收纳超过 1 万多条的智能问答知识量，通过线上服务实现个人金融、信用卡、投资理财、电子银行等各类银行业务知识的咨询解答。截至 2017 年 8 月底，智能客服识别率为 96.8%，达到业内领先水平。在普通的咨询解答服务外，智能机器人还提供增值服务，建立了“工小智”粉丝群“芝士”，和粉丝不定期开展互动和专属优惠活动分享，结合用户的不同应用场景为其提供相应的产品介绍，提供充值缴费、账户查询等快捷服务。智能客服机器人通过“智能 + 人工”结合的方式，对每日发生的几十万条客

① “RBS gives AI a helping hand with ‘hybrid bots’”，https：//www.finextra.com/newsarticle/30513/rbs-gives-ai-a-helping-hand-with-hybrid-bots，2017-05-04.

户交互的记录进行分析，并通过主动外呼客户和问卷调研等方式搜集客户对智能机器人的评价和建议，方便银行及时发现问题并进行优化。上线以来，“工小智”的智能化、自动化服务能力不断提高，日均客户服务数量可达 57 万笔，有效提高了客户服务的效率。①

二、银行网点智慧化

作为商业银行开展业务、获客营销、品牌展示的重要阵地，银行网点自诞生之日起便在商业银行的运营体系中占据着极其重要的地位，不过，随着移动互联网、互联网金融、网上银行、手机银行等新业态、新渠道的崛起，以及用户结构、用户行为、成本收入比等的改变，银行网点传统的业务流程和经营模式难以为继，转型势在必行，轻型化、智慧化则成为主流的转型方向。

网点智慧化指的是，传统网点顺应金融科技的发展浪潮，引入智能设备，智能系统，大数据、人工智能等前沿科技，对传统网点的服务流程与经营模式进行重塑与改造，突出智能化、轻型化、个性化、科技感、全渠道一体化等，从而推动银行网点降本增效，全面提升客户体验，令传统网点焕发新生机，再次成为商业银行重要的获客与营销渠道。

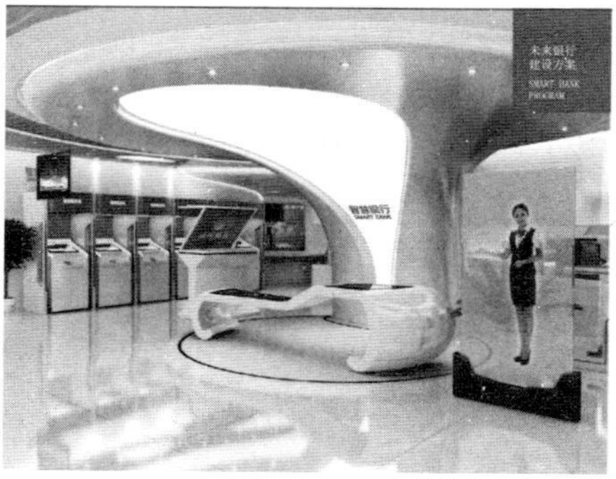

数据来源：天融盛驰官网，零壹智库整理。

图 11–1 智慧银行构想

① 引自工行官网，http://www.icbc.com.cn/icbc/ 工行风貌 / 工行快讯 / 工行智能客服服务量突破 17 亿笔 . htm。

综合当前国内外各大商业银行网点智能化的实践来看，相较传统网点，智慧网点更注重周边商圈与目标客群的分析、成本与效率的考虑、标准化与个性化的权衡，因此，依据功能与定位的不同，当前智慧网点呈现出形态多样化的特征，形成多层次网点结构。

【案例一】安快银行："门店"模式

美国 Umpqabank（安快银行）于 1953 年成立于美国俄勒冈州，截至 2015 年年底该行拥有超过 400 家分行，全职雇员近 5000 人，总资产超过 203 亿美元，成为该州最大的银行。

安快银行以"为用户提供独特的服务体验"为发展目标，借鉴零售商的经营理念，提出银行"门店"模式，成为全美最富创新力的社区银行。

安快银行的门店分为"旗舰店"和"社区店"两种。社区店空间较小，旗舰店则空间相对较大，功能也更为多样。门店中，柜台和桌椅的数量较传统银行网点少了很多，数量明显增多的是银行员工，他们经过培训后成为大厅里的服务人员，随时走动与顾客面对面交流。除了常规银行服务，大厅内还有读报区、上网区等供客户休闲娱乐，还有咖啡供客户免费享用。此外，门店还设有"产品搜索墙"（供客户搜索和了解该行各类金融产品）、"灵感创意墙"（供企业客户展示自家产品）等。

【案例二】富国银行："零售银行商店"

美国富国银行成立于 1852 年，是一家提供全能服务的商业银行，业务包括社区银行、投资和保险、公司贷款、个人贷款等，在 2018 年 6 月发布的《福布斯全球上市公司 2000 强》榜单中，富国银行名列第七位。目前其社区银行业务收入和利润均占到整个公司的六成左右，全美近 1/3 的家庭是富国银行的客户。

富国银行的网点称为零售银行商店（Retail Bank Store），主要分为两种，一种是"Retail Banking Store"，类似于金融产品超市，为客户提供多达 80 多种金融产品和服务，包括房屋抵押贷款、财富管理、保险等；另一种是"In-store Banking Center"，一般为富国银行在超市等派驻的网点，设有 ATM 等自助机器，客户可享用开户、转账等金融服务，同时有一名客户经理提供面对面服务。这极大降低了其建设网点的成本，每家零售银行商店的建设成本大约是传统网点的 1/5 到 1/4。[①]

【案例三】建设银行："无人银行"

建设银行于 2018 年 4 月推出国内首家"无人银行"网点。此前需要人工办理、审核的业务，现在可借助智慧柜员机、VTM 机、外汇兑换机等实现。网点内装配有 AR、VR 等互动体验区。除了业务自助化、加入 VR 技术外，该网点 VIP 室还提供远程投资咨询服务，客户也可通过智能屏幕购物或生活缴费等。[②]

【案例四】平安银行："零售新门店"

平安银行以零售金融为核心战略之一，2017 年推出了"零售新门店"概念，推进轻型化、社区化新门店建设，构建以"智能化 +O2O+ 客户体验"为核心的综合服务体系。首家门店为广州流花支行，是纯零售网点，仅有 480 平方米（不包括保管箱业务），较传统支行缩小了一半。从大厅到贵宾室仅有两个现金窗口，更多的是智能化的机器设备、随机走动的服务人员、沙发、免费咖啡等。

客户在门店可同时办理投资理财、信用卡、消费信贷、汽车金融等银行零售业务，增设的贷款面签专区方便客户当场完成面签，免去前往面签中心的麻烦。新门店还设立了"综合金融服务区"，为平安车险、证券、好医生等提供"入口"。[③]

第四节　正在发生的趋势

一、更高程度的渠道融合

随着数字化转型的进一步推进，线上线下的渠道将会被完全打通，越

---

① 李忠：《美国富国银行社区银行经营特色、成功经验及借鉴》，华北金融 2014 年。

② 《建设银行推出国内首家"无人银行"网点》，2018 年 4 月 10 日，见 https：//www.01caijing.com/article/21679.htm。

③ 《平安银行启动线下零售网点转型提供综合金融服务》，2017 年 8 月 30 日，见 https://www.01caijing.com/article/17285.htm。

来越多的业务将会迁移到线上进行办理。以银行为核心的数字化平台将会是以后客户与银行接触的主要途径，数字化平台的用户体验优化至关重要。银行将依托数字化平台，发力服务的多渠道融合和渠道场景融合，并聚焦于线上服务流程的改进和整个银行数字化生态建设，向智能化、高效化、无感服务的方向发展。通过引入各领域、各渠道的合作伙伴，打造超级 APP，让用户通过一个 APP 便可以享受贯穿社交、支付、衣食住行、投资理财等多领域、多品类的服务，打造生态闭环，全面优化客户的数字化旅程。

二、更多维度的科技赋能

在未来，随着大数据、人工智能、生物识别等新技术的蓬勃发展，将会有更多相关的应用落地。

（一）互联技术——全渠道融合基础

银行网点智能化的一大趋势，是在全渠道共享融合的基础上，提升银行网点的服务能力。这必须以互联网技术为基础，将线下网点、线上网上银行、手机银行等渠道，以及交易系统、CRM（客户关系管理系统）等各大系统互联整合，通过全渠道的接入、多产品的整合，构建包括基础信息、行为信息、交易信息等在内的客户画像，对客户行为形成更为深刻的洞察、更为精准的预测，从而增强银行网点整体的服务能力、拓展其服务边界。

此外，渠道融合可随时随地满足客户的需求，改变原来 5×8 小时工作日服务机制，提供 7×24 小时实时服务，实现跨地域和跨时空客服，提高客户服务的便捷性。

（二）生物识别技术——提升交互体验

银行通过减少人工窗口，配备自助设备，尤其是智能性强、功能性全、操作方便快捷的智能设备，增加客户自助服务的频率，减少服务等待时间，提升服务体验。如银行网点入口的智能导览装置，可以帮助客户了解网点功能分区和服务业务，让客户初步了解业务流程和评估办理业务的时间，减少客户因非预期体验而导致的服务好感下降状况。除此之外，客户还可以查看附近的网点及其排队情况，以弹性安排时间进行业务办理。此外，人工智能和AR技术能够识别客户身份，为客户经理提供参考依据，降低沟通成本，提升服务效率。

（三）大数据技术——增强用户洞察力

随着数据存储成本的降低，数据挖掘、分析能力的提升，用户数据已成为金融业最重要的资源之一。商业银行积累了用户大量的交易数据、行为数据、信用记录等，这些数据蕴藏着用户的丰富信息，具备巨大的挖掘价值，也使得商业银行在“大数据”的运用中拥有得天独厚的优势。

在客户服务方面，通过数据对具有客服需求的客户进行预测，融入心理学、语言学知识，深化客服机器人的情感交互，让智能系统可以识别并理解到客户的心理活动，实现智能化、私人定制的客服体验，这样智能客服可以摆脱同质化的缺点，根据与客户过往交互数据了解客户需求和特性，针对特定的客户提供特定的服务，减少智能客服的冰冷感，让智能客服变得有温度。

（四）人工智能——让服务更智慧

在协助用户智能决策方面，银行纷纷推出智能投顾产品。智能投顾产品应用大数据技术对客户的基本信息、行为信息和理财偏好等挖掘分析，完成用户画像，并根据客户的特定偏好提供个性化理财配比方案，提供差异化服务，提升客户服务体验。

在客户服务方面，智能客服使得银行可以更为高效地为用户提供服务，比如网点中的智能机器人可对用户进行业务答疑和指引，个性化智能客服可在用户业务办理的各个阶段进行实时跟踪，洞察用户现有状态，并在其历史行为数据的基础上做出最优决策。在大数据与人工智能的技术基础上，持续优化模型与用户需求的匹配度，从而为用户提供更为精准、个性化的服务。

三、更大跨度的场景服务

随着新生代用户的需求更多样化，面对的选择也更多，迁移成本越来越低，银行业对用户的吸引力受到较大挑战，如何留住用户成为摆在各大商业银行面前的一道大关。场景化服务因此成了银行业发力的重点，因为场景构成了从金融需求到生活需求的闭环，可培养用户深度的使用习惯，在某一场景逐步发展成熟后可拓展至其他场景，提升整个生态圈的服务半径和能力，也将吸引更多的用户参与进来。

以建设银行为例，建设银行打造的“建融智慧社区云平台”尝试布局零售客群，采用了区别于其他银行从餐饮、旅游、购物、停车等单一场景的发展策略，而是以社区作为突破口，试图服务细分 C 端客户群体的综合性金融需求。建设银行在业界率先提出以社区为入口，以手机 APP 为工具，获得用户真实数据信息，并通过大数据挖掘全面了解用户习惯，为他们提供智能化的移动金融综合服务。

智慧社区云平台的推出是建行对住房租赁业务功能的进一步延伸，在这一平台上，建行将以社区业主为核心客群，围绕“衣食住行休养娱学”等各项消费需求，持续拓展社区生活、社区商圈、医疗服务、教育留学等功能，整合房地产商、物业公司、大型连锁商、家电维修商户等资源，使平台实现“+ 场景”“+ 服务”等功能。同时，智慧社区云平台通过对用户交易行为与生活服务信息浏览记录的跟踪，采用金融科技来判断用户的潜在需求，持续拓展客户量并关联办理相应的金融服务。云平台采用线上与线下相结合的方式，将有效提升用户体验。[①]

金融与场景的结合将会是未来银行业智慧运营发展的重点所在。全

---

① 《建设银行：以社区为入口，挖掘零售新客群 | 机构观察 05》，2018 年 8 月 28 日，见 https: //www.01caijing.com/article/27155.htm。

渠道的融合、开放平台的建设等都将成为各银行打破传统运营局限、构建开放生态的重要举措，而创新的产品和优质的服务则会成为银行的重要竞争壁垒。信息时代已经来临，传统金融机构的智慧化运营也已初见成效，但科技仍在发展，客户需求仍在变化，传统金融机构的智慧化转型仍任重道远。

Part 5

风控篇

第十二章　智慧风控，一个闭环

第一节　风控的进化

智慧风控，即将大数据和人工智能等技术应用到风险控制环节，以提升风险控制的效率和精准度。从根本上来看，智慧风控是通过技术工具对风控的流程的优化。智慧风控概念中，“智慧”是手段，“风控”是目的，无论采用新算法、新模型还是新规则，其目的都是将风险控制在目标区间范围内。

智慧风控与传统的风险控制的差别在于风控理念和风控手段的差异性。在风控理念方面，区别于传统风控“因循守旧”的理念，智慧风控秉持“以客户为核心”的风控理念，利用智能分析和智能决策缩短风控流程用时，提升风控效率的同时实现无感风控，改变客户对风控的刻板印象，提升客户服务体验。

在风控手段方面智慧风控强调对大数据的运用。数据不仅是智慧风控的基础，甚至是整个金融科技的基础，海量的数据是确保风控精准度的基础支撑，如果数据样本少、维度窄，在进行风险评估时难免会出现偏差，无法实现智慧风控预期达成的效果。应用大数据技术，能够突破传统金融信贷中信息不足的瓶颈，通过加大数据采集深度和广度来对个人基本信息、社会关系、行为习惯、设备安全等方方面面的立体信息进行采集和挖掘，多角度、多层次地提供可供特征化的基础数据。多元繁杂的数据通过整合、分类和排序等程序完成数据清洗，将获得有效的、结构化的数据信息，通过数据挖掘算法模型将有效信息分析和挖掘，进行多视角的风险因子分析，可完成对用户风险的初步识别。

表 12-1 传统风控和智慧风控手段对比

	传统风控	智慧风控
风控模型	以人工审核为主，依靠专家经验	以模型、策略体系自动分析决策为主，人工审核为辅
数据来源	公司内部资料、央行征信资料、客户提交资料	除传统风控数据来源外的第三方数据，线上、线下多维度数据
数据维度	数据特征数量少，以基本信息为主的强变量为主	数据特征数量大，以基本信息、行为特征信息为主的弱变量信息
数据关联性	数据关联度低	数据关联度高，可交叉验证
模型设定	以线性模型为主，因果关系强	以深度学习、集成学习模型为主，可应用关联关系

资料来源：零壹智库。

金融行业涉及风险的管理，风控是金融业的核心，在金融市场新模式不断出现的同时，新型的金融欺诈手段也层出不穷，传统金融风控亟须升级和适应新金融时代的诸多挑战。如何推动风控模式创新，是传统金融机构面对的一大难题。

金融机构传统的风控体系以央行的征信记录为基础，以人工审核、专家规则、客户评级为主要手段，以定性分析为主，定量分析的比重较低。这种模式的弊端在于，用于分析的数据和维度有限，审核的效率也较低，同时，数据未能有效整合，数据共享机制没有建立起来，此外大量传统的非结构化数据很难转化为结构化数据。而以大数据、人工智能为代表的前沿科技为传统风控带来了更多的提升空间与可能性。智能风控注重对多种新兴技术的综合应用。为了达成风险目标，智能风控广泛应用多元化的技术，例如图像处理技术、语音识别技术、神经网络技术、强化学习、迁移学习、集成学习等，多维技术的应用可最大限度地发挥各自技术的优势，提升风控水平。

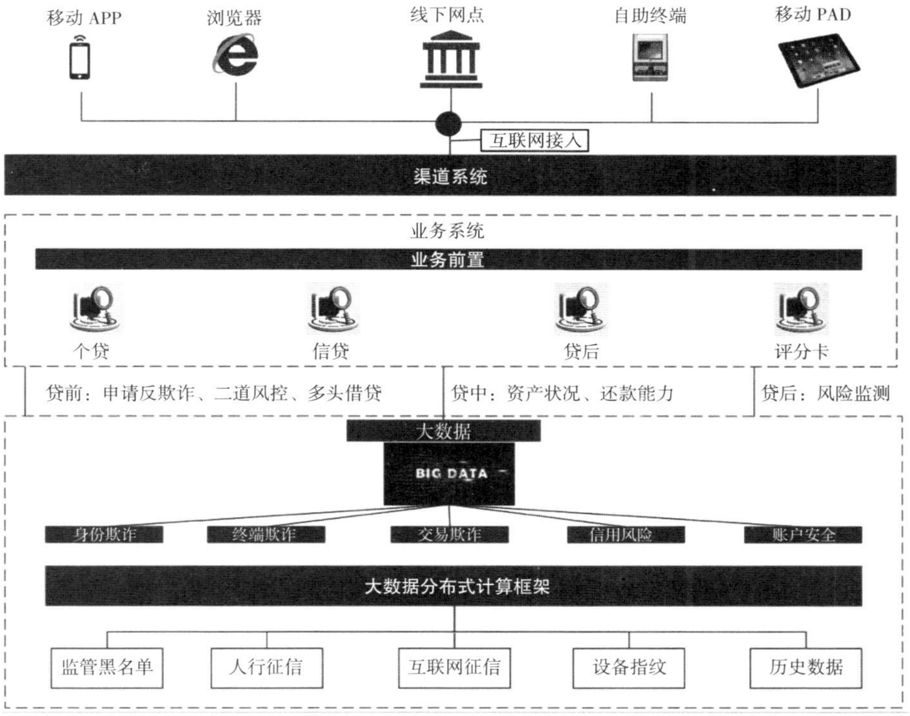

图 12-1　智慧风控体系图——贷前，还款能力和还款意愿；贷中，风险监控；贷后，催收和信用反馈

金融风险管理的目标是在可控的安全边际下保证收益，而不是降低绝对逾期率，尤其是对于比较下沉的目标人群。

以信贷业务为例，智慧风控提供借贷全生命周期管控，包括贷前、贷中和贷后服务。贷前阶段主要对客户进行身份的识别，并根据客户多维信息对客户进行风险评级，并给予授信额度；贷中阶段主要对客户进行维护，及时发现客户异动状况，并采取相应措施降低客户的预期违约率；贷后阶段主要是对逾期客户催收的阶段，即对逾期的客户采取相应催收策略，提升回款率，降低违约率。智能风控在金融信贷领域主要的应用场景包括贷前反欺诈、信用评级与定价、贷中风控以及贷后催收。

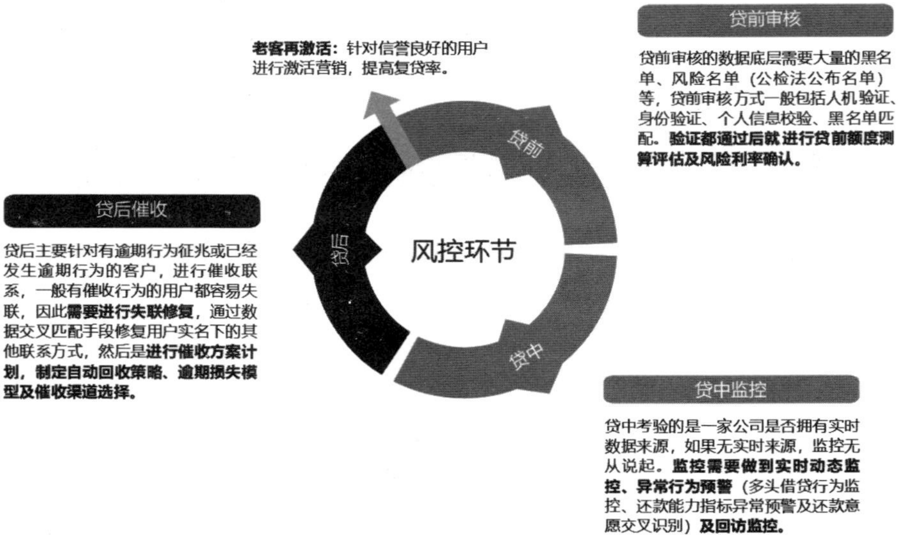

图 12-2　信贷风控全流程

第二节　智慧风控的关键流程

智慧风控是传统风控的一种补充升级，建立在传统风控的基础上，通过对多维度的数据进行分析并构建一系列的风险模型。建模的目的一是提升风控决策的效率，降低依靠人工审核造成的高耗时、高成本；二是确切反映并量化借款人的信用风险等级，给出合理定价。

资料来源：零壹智库。

图 12-3　智慧风控流程

一、数据采集

数据采集是一切有效分析的前提，金融机构的数据来源通常有三种方式：

一是自有业务数据积累，包括用户提交的电子化信息（如身份证、营业执照、房产证、学历证、工资单、社保、银行流水等）。

二是通过权威机构查询而得，如公民身份证查询中心、教育部学历中心、法院诉讼信息查询中心等可查询信息。

三是经过用户授权通过第三方购买或线上获取，如用户在各类电商的交易信息、微博等社交网络数据，百度搜索引擎数据等。①

采集数据后，企业须根据具体数据性质和业务逻辑对数据进行预处理，包括处理缺失值、异常值以及多重共线性问题等，为后续的特征提取和特征选择打好基础。

二、数据建模

传统商业银行使用 Logistic 回归类模型或基础决策树来权衡不同因子对于逾期率影响的权重，之后将围绕相关因子搭建各项风控模型或信用评分卡，并将之应用于风险决策和业务流程中。

而在互联网金融风控领域，复杂场景导致数据来源复杂且量大，采取线上风控模式的企业必须要在风险量化方法（包括 SVM、多层神经网络、随机森林和 Ensemble 等）上寻求创新来提高风控模型性能。据信也科技数据研发部王春平博士介绍，为了避免数据源之间的耦合度太高，一般会根据数据源单独做模型，因此整体的模型架构中有很多子模型，最终集合到一个主模型输出最终结果。

子模型包含很多不同类型的数据，有的数据很工整，有的不那么工整。比如仅拥有部分用户最近几个月在 APP 上的操作数据序列，而另一部分用户的数据是跟其相关的一系列文本。大数据模型就是必须将各种结构

---

① 《直播 | 拍拍贷首席数据官顾鸣：大数据风控的关键技术》，2017 年 4 月 22 日，见 http://www.sohu.com/a/135760782_609569。

化、半结构化、非结构化的数据，用一些合适的模型将其转变为用户画像和信用评分等，再集合到主模型，以做出风控决策。

三、风险评级

智慧风控借助更多的数据源，用更优秀的算法，对模型不断地进行更新迭代，可以逐步提高风险的区分能力。基于大数据风控模型，金融机构对于每一笔借款都可以得出一个风险评级，以预测逾期率。一般而言，利率与风险匹配，较高的风险评级将对应较高的借款利率。

金融机构对于新老客户的风险评级侧重点是不同的。新客更多地注重准入，即到底让不让他成功借第一笔，初始额度是多少。从数据维度上来看，新客是首次借款的用户，可使用的数据维度不如老客，而老客有很多的用户行为数据，如用户的还款信息等，因此相对于老客，新客的风险评估会更难，精确度会差一点。总的来说，新客的风险要稍高于老客。

从用户进来到整个生命周期结束，老客的个人特征以及需求会不停地发生变化，因此，老客更多在于后续借贷的额度管理与后续风险变化的管理。首先从风险角度去识别老客的风险水平有没有发生变化，同时要观测老客在需求维度和个人能力上有没有变化，然后伴随着用户的成长进行风险管理。

四、风险定价

最后是风险定价。基于风险评级、评估的定价，以保证收益与风险相匹配，按照不同的风险等级，给出相应的评级、预期逾期率以及利率。

风险的细分力与风险定价能力是金融信贷公司的核心竞争力。假设A公司没有细分风险的能力，无法分辨借款人的质量好坏，在风险定价上采取一刀切的定价方式；而B公司能够细分风险，根据风险差别定价，能够给予好的借款人优惠的借款利率。那么好的借款人会不断流失到B公司，久而久之，A公司会只剩下差的借款人，且差的借款人得到的风险定价并不能覆盖可能的风险，A公司则很难在竞争中良性发展并获利，由此可见风险定价能力的重要性。

第三节　风控的魔镜

信也科技是国内最早深耕互联网消费金融领域的金融科技公司之一，创始团队非常重视数据和科技能力建设，一直秉承着以数据驱动决策的理念，对数据保持敬畏之心。信也科技首席风险官兼首席数据官、智慧金融研究院院长顾鸣认为，相较于传统金融，互联网金融在风险管理上虽然要面临缺乏央行征信、信贷数据有限以及政策不确定性的挑战，但互联网更大的机遇在于数据、技术，和它们的可拓展性。通过互联网，可以接触庞大的用户群，能够收集海量的碎片化数据，适合各类大数据与机器学习技术的运用。这一模式已经在多个领域得到了验证和发展，在征信和风控领域同样也具备颠覆性的前景。

信也科技风控更多地关注安全边际和获取收益的平衡，以数据驱动决策，即以数字的量化形式去比较每一套策略下的风险损失及收益，来平衡和评估风险策略的可行性。精细化风控可以体现在全流程的方方面面，有时候哪怕是对黑名单的管理，对每一条策略的迭代，对模型细致的评估和监控出了问题，影响都很大。

关于如何实现贷前、贷中、贷后的联动，信也科技相关人士认为，团队是不是有共同的认知，信息是否有效地相互反馈和迭代，对于异常指标能否及时反馈，团队和系统架构是否具有及时调整策略的灵活性，均决定了是否能实现好的风控。

建模能力是能够最大化数据价值的关键能力之一，模型也是互联网金融公司和传统金融机构的核心竞争力。信也科技对模型的重视程度非常高，有完备的团队以及对模型持续的投入。据信也科技数据研发部门相关负责人介绍，信也科技享誉业内的魔镜系统历经了多次迭代和完善，一开始只包括一两个模型，可以简单地为借款人打一个信用分，多少分可以放款、什么样的用户对应什么样的借款成本，这些一开始很大程度上是专家来决策的。随着客群的扩张、业务的增量和内部的需求，很自然而然地慢慢地迭代成了现在的魔镜体系。

魔镜系统主要包括了以下几个模块：反欺诈系统、大数据模型系统、风险的决策引擎。其中大数据模型系统内包括上百个模型，针对不同业务线的不同人群作信用评估，能够很灵活地应用各种不一样的数据源，并且应对各种不同的状况，使得整个系统形成了一定的壁垒。魔镜系统亮点主要有：

第一，应用业内领先技术。传统金融机构多使用 Java 或 C# 语言，魔镜系统目前在用的多数算法、规则均是比较流行的，比如用 python 做深度学习和 Go 来进行系统建设。

第二，系统持续进行优化、迭代和研究，以便快速对接业务需求，系统迭代率在业内领先。

第三，时效方面，采用了业内主流的分布式计算框架。评估额度所需时间，由早期的分钟级提升为目前的亚秒级。

第四，评估流程并非传统机构的固定式，灵活度较高，做了很多架构体系的设计，对整个流程进行了高效配置。

以魔镜系统为基础，信也科技建立了完整闭环的智慧风控系统，除了在行业内建立了自己的核心竞争力外，信也科技还通过科技子公司的方式陆续做对外的技术输出。目前，信也科技旗下的金融科技公司已经和不少持牌金融机构展开合作。与市场上的第三方风控机构相比，信也科技旗下的科技公司的优势在于所有的模型算法产品是在信也科技一线业务的基础上做出来的，毕竟信也科技拥有超过 1 亿注册用户，基于这些海量数据做出来的模型和产品更有实践价值；举个简单的例子，信也科技的每一笔坏账都是一个样本，是损失真金白银后收集到的数据。

第四节　反欺诈，第一道防线

在贷前，风控的重点在于给用户作准入和授信，简单来说，用户申请贷款，如何判定能否放款、额度应该是多少，这一环节主要侦测欺诈风险和信用风险。传统反欺诈依赖于专家规则和黑名单库比对，存在效率低、新规则挖掘慢、策略迭代不灵活、智能化程度弱等痛点。通过大数据（包括用户主动提供的信息、用户授权后可获取的信息和第三方数据等）的积累和应用，金融机构可以将机器学习模型与传统反欺诈规则结合，不断迭代优化，实时准确地识别风险并得到用户的信用评级；然后依此实现差异化风险定价，确定贷款额度和费率。

随着互联网的快速发展，信贷业务也明显呈现线上化和移动化趋势。由于信贷服务覆盖人群越来越下沉，贷款申请人的信息复杂且不完整，而贷款审批速度是借款人最关注的维度之一，如果企业或金融机构在申请环节设置过多关卡甄别真实借款人，获客成本将大幅增加。若降低审核门槛，欺诈风险则可能急剧上升。

反欺诈也是风险管理的一大课题，信用风险与欺诈风险不同，前者指借款人由于财务状况恶化等各种原因未能及时还款而违约的可能性，后者指客户在发起借款申请时已无意愿还款的风险，其可控性更弱，对坏账率的影响更大。

欺诈者依赖层出不穷的欺诈手段实施贷款欺诈，包括身份冒用、资料造假、信用不良、不良中介、欺诈团伙和黑产等。其中，不良中介和团伙欺诈的调查难度及危害程度最高。团伙欺诈指以欺诈为目的聚集起来的不良用户群体，以团伙的形式相互掩护，相互担保，共同作假以骗取信贷的欺诈行为。不良中介是特化的团伙欺诈，即团伙中的部分人不以欺诈为盈利手段，而是以帮人欺诈、帮人作假或教人欺诈，并收取高额手续费为盈利方式的一批犯罪团伙。相较于其他欺诈手段，不良中介的危害更大，组织分工更明确，隐蔽性更好，专业性也更强。[①]

一、传统反欺诈的困境

大数据与 AI 等金融科技兴起前，黑白名单和基于专家规则的引擎被认为是反欺诈的最佳防线。黑名单也称失信名单，指的是将存在历史不良

---

① 《揭秘明镜反欺诈系统》，2018 年 9 月 29 日，见 https://group.ppdai.com/forum.php?mod=viewthread&tid=880469。

信用记录的人群列入一个特定的名单中，以供金融机构后续参考。这一工具简单易用，比如央行的征信记录，可查看客户的以往信贷记录。但缺点也很明显，就是更新速度慢、成本高，无法应对最新出现的欺诈活动。

除了黑名单之外，另一个传统的反欺诈方式是规则引擎。规则主要依靠人为经验进行逻辑推敲，可以有效地识别简单的已知欺诈模式，却无法应对庞大的数据量和各种不断变化的欺诈行为，在速度优先的借贷场景中很容易造成误判或被欺诈者针对性地回避。

假设A企业仅使用简单的规则引擎来防范欺诈风险，当欺诈者得知当贷款申请人“年龄未达21岁”和“年收入高于10万”时可能会触发规则预警，可以故意在贷款申请中避开这些雷区。此外，规则的有效期限比较短，有可能是几周的时间，甚至短至几天。风控团队在运行大量规则的时候也需实时更新新的规则，或者对已不适用的规则进行删除处理，这抬高了其维护和运营成本。

综合来说，传统反欺诈手段有以下痛点：数据少、场景杂、效率低、频率高。

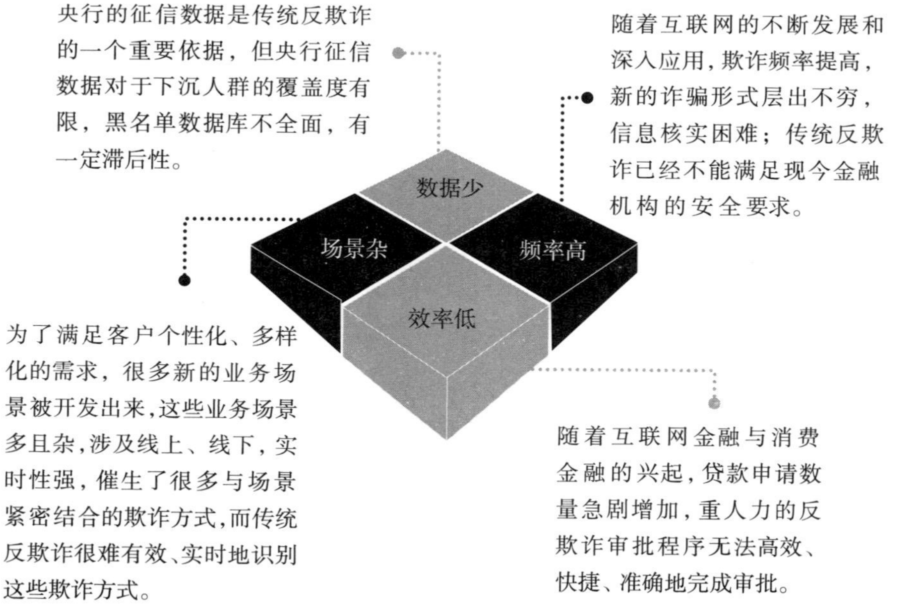

图12–4　传统反欺诈痛点

二、反欺诈智能化变革

随着实时系统、大数据和机器学习的出现，传统解决方案（黑名单＋规则）的局限性被打破，多个数据源的数据、与一个用户关联的数百或数千个字段的数据可以实时共享，用于构建更高效、更精准的欺诈风险预测模型。

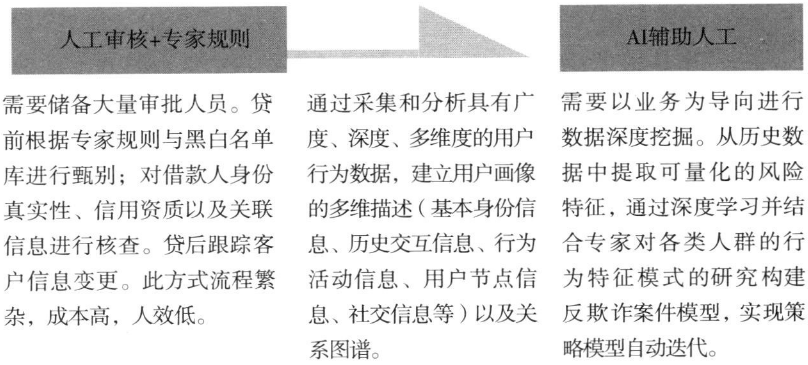

图 12-5　反欺诈变革阶段

反欺诈机器学习模型基于数理统计分析技术，对各类人群的信用数据、行为数据进行深度挖掘，进而给出风险评估，它还可通过模型的更新实时应对新型欺诈模式，提升了适应能力。应用范围包括信贷审核、还款管理、催收等贷前、贷中和贷后全流程。目前机器学习模型常用的有神经网络模型、随机森林模型等。

表 12-2　机器学习算法优劣势

算法	优势	劣势
随机森林（RF）	随机森林能处理高维数据；对于不同的数据类型、缺失值、异常值等有较强的鲁棒性（robustness）；训练速度快，易于并行化运行。	随着决策数量的增加，算法速度会变得缓慢，很难实现实时预测，因此需要权衡速度与准确性。

（续表）

算法	优势	劣势
支持向量机（SVM）	SVM 能处理高维数据；能执行线性和非线性分类和回归；特别适用于复杂但小型或中型数据集。	SVM 属于小样本学习方法，对大规模训练样本难以实施；数据准备工作要求较苛刻（包括数据类型转化、参数调整、缺失值处理等）。
最近邻算法（KNN）	KNN 适用于非线性分类；对于数据缺失值、异常值等有较强的鲁棒性（robustness）。	KNN 不适合处理高维数据和较大的数据样本；属于“懒惰学习”算法，高度依赖训练数据和标签。
深度学习（DL）	深度学习在计算机视觉和自然语言处理等方面具有较强的预测能力；能以训练集中有限的特征为基础来推断出新的特征；随着数据量提升，深度学习的优势会逐步体现。	不同于传统的机器学习方法，深度学习需要大量的数据，所需的计算成本更高；数据准备工作要求较苛刻（包括数据类型转化、参数调整、缺失值处理等）；模型可解释性较差。

资料来源：公开信息，零壹智库。

算法模型的构建方法比基于规则的模型复杂得多，得到的模型也更难以解释，尽管存在这些挑战，算法模型依然被广泛用于欺诈建模。

机器学习算法分为有监督学习和无监督学习，有监督学习的训练数据带有标签，机器不断学习直到能够独立使用标签，比如在创建脸部识别算法时，需要提供建筑、人物、动物、风景等图像以及各自的标签，直到机器在无标签的图像中能够准确识别脸部，训练数据的时效性以及准确性直接影响最终模型的效果。在无监督学习中，机器分析不需要训练数据和标签，根据用户之间行为的相似性和关系对数据进行分类。现阶段，企业主要通过有监督学习和无监督学习相结合的方式训练模型。

在处理大型数据集时，算法模型有以下三个独特优势：

（一）自主更新迭代

传统反欺诈对出现概率低的“非典型特征”以及更新迭代速度快的特征很难识别，而机器学习恰好弥补了这方面的能力，机器学习模型可从大量事件中持续自主更新迭代，从而拥有了适应新型欺诈手段和趋势的能力。

（二）模型实时响应

在基于规则的系统中，反欺诈专家需要深度参与设定临时规则以确定接受或拒绝哪些类型的申请，此过程非常耗时并且涉及手动交互。而机器学习模型和人工规则相结合的反欺诈引擎可以实时地对客户数据和行为做出统计、计算并评估大量申请。

（三）低成本高效率

在基于规则的系统中，维护欺诈检测系统的成本随着客户量的增加而急速上升，而机器学习模型的效率则会随着数据的增加而提高。此外，机器学习模型可以将一些难以描述的规则抽象出来，适用于高复杂度的 AI 任务。

三、智能反欺诈关键点

据信也科技相关负责人介绍，实现智能反欺诈的四个主要关键点，一是优质的数据来源，二是算法和模型的持续优化，三是能支撑庞大数据处理的系统架构能力，四是对业务场景的理解能力。四者兼备，才能更高效地识别欺诈风险，为风控筑牢第一道防线。

（一）知识图谱——以优质的数据为基础

优质、时效性高的多维度数据对于构建知识图谱，进行用户特征工程，形成全面的金融用户画像，从而快速且准确地预测欺诈风险是不可或缺的因素。在团伙欺诈案件多发的趋势下，一个完备的用户画像不仅需要包含其基本的身份信息、历史登录信息、行为活动信息，更需要具有表征其“团体性”的变量，如用户的社交信息、用户所处节点的统计信息及异常信息等，该类信息有助于发现团体特征，对后续新型团案的发掘和判定具有十分重要的意义。[1]

---

① 《深度揭秘拍拍贷大数据反欺诈团案解决方案》，2018 年 3 月 30 日，见 https://mp.weixin.qq.com/s/yPhw8ZQVllGSuHYbnzbW9Q。

资料来源：信也科技，零壹智库。

图 12-6　用户画像数据维度

如何把海量的异构数据整合在一起并对复杂且动态变化的数据关系进行建模呢？传统的关系型数据库通过实体和关系来建模，由多张能互相连接的二维行列表格组成，需要挖掘用户多层关联关系时，性能消耗大，效率低下；对于关系的层次支持有限；对于图上的查询不够灵活。相比之下，图数据库以图的方式存储知识并向用户返回经过加工和推理的知识，包含清晰的节点（现实世界中存在的实体，如用户的名字、年龄、所在地区等）和边（实体与实体之间的关系），各实体之间通过三元关系进行联结，以实现数据使用高效化。

知识图谱（Knowledge Graph）的概念是 2012 年 5 月 16 日由 Google 正式提出的，用于搜索结果的知识系统化，而宣传语“things，not strings”道破了知识图谱的精髓，即不要单纯的字符串，而是理解现实世界中各种实体及其相互之间的关系。知识图谱的本质是一个基于图的数据结构和语义网络，通过把所有异构的信息连接在一张关系网络中，使得挖掘“关系”背后的信息成为可能。从业务的角度来看，它解决了谁和谁关联、什么性质的关联、关联到的人有什么样的属性的问题。这里面有三个层次的应用：

第一，智能化搜索和可视化，如关系网络可视化的异构关联信息的快速检索，为人工审核提供直观参考。

第二，多层关系的历史风险表现的查询，可以根据某种节点类型在限定的层数中，按照某些类型的联系，查询一定时间窗里的属性并进行聚合。

第三，对用户在网络中的位置的抽象表示，将网络关系抽象成了模型可以消化的结构化向量，此外这种抽象表示可以应用在客户分群和异常客户检测上，而只有这个层次才能够支撑自动化的特征提取。①

应用示例 1——不一致性检验：当不同数据源信息出现矛盾，比如用户年龄与学历水平和薪资水平不相符、工作地址与现住地址不在一个城市等，知识图谱可以迅速通过不一致性定位可疑点。比如借款人小 A 在紧急联系人一栏填写了“同事小 C”，但通过知识图谱我们可以轻易发现小 C 的公司与小 A 的公司并不一致；同时，借款人小 A 和小 B 填写的电话一致，这些都属于潜在风险点。

应用示例 2——组团欺诈：相比虚假身份的识别，组团欺诈的对审核人员的挑战更大。一般来说，团体欺诈往往隐藏在非常复杂的关系网络里，很难识别。只有把其中隐含的关系网络梳理清楚，才有可能分析出其中潜在的风险。知识图谱，因为天生用来描述关系网络，因而具备了分析组团欺诈的便捷手段。②

① 《会员动态丨拍拍信：TechFin 背后的大数据与 AI》，2018 年 7 月 26 日，见 https://t.cj.sina.com.cn/articles/view/6549294042/1865e4bda001008ylm。

② 《产品介绍丨知识图谱在拍拍信的深度应用》，2018 年 11 月 28 日，见 https://mp.weixin.qq.com/s/Slt5hMsUIiFoFG3fPFTvWw。

（二）机器学习——模型与算法优化

金融市场充满了不确定性，客群、借贷活动、欺诈手段等不断在变化和升级，这也要求风控模型和算法需要根据不断变化的现状持续迭代，尤其要在欺诈手段、模式升级之前完成金融机构风控模型的迭代。此外，在数个贷款周期之后，模型需要根据这些运营数据进行检验、修正、迭代，依此不断增强模型的适应性、实用性。

（三）系统架构能力

反欺诈系统架构的基础是数据和模型，反欺诈能否有效进行受系统架构处理性能的极大制约，而系统的性能主要体现在系统的处理速度、系统的稳定性两方面。

系统的处理速度指的是在天量数据中识别出欺诈信息的速度。骗贷者的欺诈申请行为可能发生在任何时间任何地点，因此反欺诈系统必须也能够随时对欺诈信息进行识别和反馈，特别是面对欺诈申请者恶意登录攻击等恶性行为，反欺诈系统也必须实时响应，不能有太长时间的延迟，否则容易造成骗贷者利用时间差成功申请到贷款，造成资金损失。此外，如果系统反应速度太慢，也容易影响正常用户的申请体验，导致获客困难或回头客数量减少。

稳定性则指的是反欺诈系统必须 7 × 24 小时处于正常运行状态，必须随时响应申请行为并随时识别欺诈信息，同时，系统的升级、维护等行为不会对反欺诈系统产生影响。此外，系统能够抵抗一些外部风险，能够防范数据库被入侵或破坏等。

（四）业务理解能力

风控需要不断迭代与优化，反欺诈业务也需要一个积累的过程。业务团队需要长期积累大量的一线业务经验才能对欺诈行为有更好的识别能力和标签化能力，在现有经验的基础上还应持续跟踪调研新的欺诈趋势和欺诈人的行为模式来规避新型欺诈风险。另外，反欺诈技术团队和调查人员需要展开紧密的合作，将符合业务场景的规则提取出来，加入反欺诈系统，配合合适的可视化界面，让调查人员对用户风险有比较直观的感受。这种直观对调查经验本身没有要求，大大降低了新人调查的门槛。

【案例】信也科技明镜反欺诈系统

信也科技依靠76亿关联数据、8000万用户、71万图案样本、对抗网络欺诈11年的业务经验，构建了强大的模型体系，自主研发了明镜反欺诈系统。相较于传统反欺诈，明镜拥有可视化的关系网络，最多可拓展6层，独有的图案模型及AI图像风险识别技术可大幅度提升效能。明镜投入使用后，信也科技反欺诈团队的调查效能提高了70%。

总体来说，明镜具有以下优势：

其一，通过关联信息，触达风险、被关联人信息及关联深度的分析输出全面的关联风险标签。

其二，灵活的规则配置能力，为识别多种类型风险，融合多种业务规则提供轻巧化的功能配置解决方案。

其三，以先进的团伙识别算法为基础，构建了全新的团伙欺诈识别模型，在实际业务中识别准确率可达70%。

其四，直观的图形可视化方式展示信息，配合规则染色，更直观全面地了解信息。

其五，利用图像识别相关的AI技术，以图像为风险维度对其关联风险进行分析[①]。

1. 第一代反欺诈系统

信也科技的第一代反欺诈系统，主要功能是提供尽量全面的信息给反欺诈调查员，以便进行信息稽核，发现疑点。在这个时期，组织了大量的人力，对反欺诈进行了深入的研究，形成了信也科技独有的一套反欺诈调查模型，即用欺诈链来指导调查方向，用业务经验来寻找高危疑点，用系统中的数据进行辅助验证，最后再进行调查核实。

---

① 《产品介绍丨知识图谱在拍拍信的深度应用》，2018年11月28日，见https://mp.weixin.qq.com/s/Slt5hMsUIiFoFG3fPFTvWw。

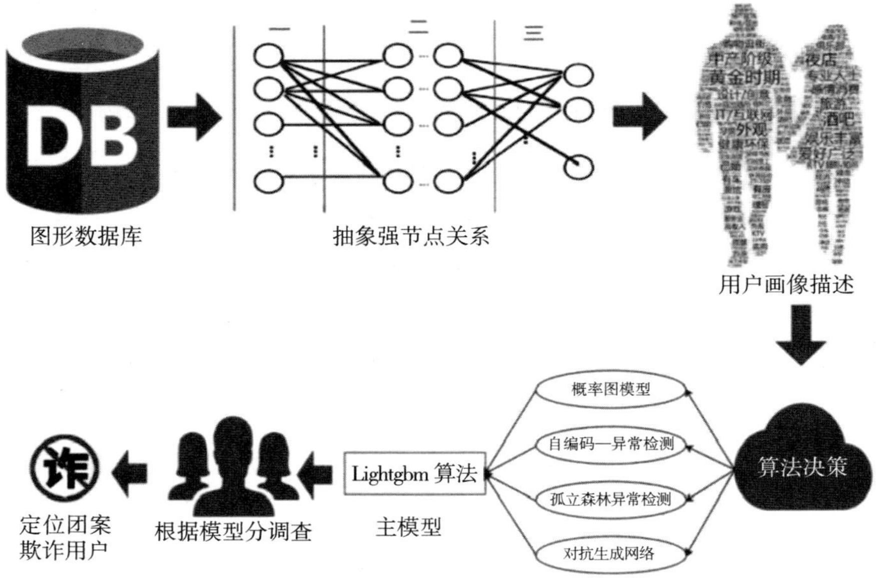

图 12-7 信也科技反欺诈检测流程图

通过这种人力密集型的方式，信也科技在欺诈方面很快有了突破，很大程度上降低了整个信也科技的欺诈风险。随着业务量的持续高速增长，信也科技不仅积累了大量的经验，也获得了大量的欺诈用户样本，此时结合信也科技的 AI 能力和工程能力后，第二代的反欺诈系统——明镜应运而生。

2. 第二代反欺诈系统——明镜

明镜的初衷与核心诉求是提高反欺诈调查的人效，系统的所有功能都围绕着这个核心诉求展开。

（1）从欺诈链到知识图谱。欺诈链是信也科技业务经验的结晶，但同时也是高度耦合第一代反欺诈系统而生的调查模型。随着团伙欺诈案件越来越复杂，为了解决链式调查在调查覆盖度和调查效率上的问题，信也科技引入了知识图谱，用所有用户和用户之间的关联构成图，使用不同的图标来标识不同类型的用户和不同的设备，给调查人员直观的展示欺诈用户的关联网络。基于不同的坏客群，形成综合互补的模型体系，精准定位高风险用户。

随着团伙欺诈案件越来越复杂，链式调查在调查覆盖度和调查效率上开始出现问题，而且整个调查过程比较不直观。[①] 团案反欺诈调查过去主要通过规则引擎来启动流程，但拦截到发标后触碰到规则的用户，覆盖范围较小，准确率不高，从而影响人工调查效率，导致案件积压及团案库中标签的严重不足。为了解决这个问题，信也科技引入知识图谱实现所有用户和用户之间的关联构成图，使用不同的图标来标识不同类型的用户和不同的设备，实现用户的关联网络图，为建立人工智能驱动的团案模型提供了先决条件。

考虑到需要从庞大的图数据库中快速而有效地索引反欺诈用户的变量特征，实现精度和效率的统一。因此在兼顾人群覆盖范围与统计意义的基础上，信也科技确定了五种强节点关系，可以把模型需要考虑的节点数量缩减到千万级别；同时多角度提取节点 level 一度关联的统计特征（如欺诈、清白概率、公司名及电话异常等），既能保证高阶变量的提取具有较高的计算效率，又能尽可能使其对“团体”的定义是完备的。

完成图形数据库中节点和用户关系的梳理后，即可开始对用户从 level 上多维度地进行描述，包括基本身份信息、历史交互信息、行为活动信息、社交信息、节点统计信息和节点异常信息。在基于大数据的用户画像中，首先，从多个维度来刻画用户的个人信息，尽可能对其在社会中承担的角色给予精准的定位；其次，通过和业务部门的深入沟通与合作，将业务中经验性规则进行合理的归纳总结，进而融入模型；最后，充分抓住“团案”这一关键词，借助于机器学习算法，深入挖掘体现整体 pattern 的高阶变量。[②]

（2）从业务直觉到业务经验系统化。优秀的反欺诈调查人员在长期的一线工作中，积累了大量的调查经验和业务直觉。不过，个人的经验影响、验证和传播的范围都是有限的。为了将人员所持有的经验和知识进行留存和提炼、优化，信也科技业务人员和研发人员进行了合作，将有用的

① 《拍拍贷反欺诈系统编年史》，2018 年 5 月 25 日，见 https://mp.weixin.qq.com/s/HXkcyRUazMklMZOT5aieLA。

② 《深度揭秘拍拍贷大数据反欺诈团案解决方案》，2018 年 3 月 30 日，见 https://mp.weixin.qq.com/s/yPhw8ZQVllGSuHYbnzbW9Q。

规则提取出来，加入到明镜系统中。通过结合大量的业务经验，结合深度学习和对抗网络生成了反欺诈案件模型，并且实现了策略模型自动迭代。

·（3）从内部数据到全网数据。信也科技高度注重以数据驱动决策，整个风控理念非常注重数据和模型，在模型上一直保持对数据的敬畏之心，对模型有持续的投入。

由于互联网金融的蓬勃发展，网络上现在关于欺诈、中介等多了很多公开数据，这些数据（包含但不限于法院记录、公开黑名单等）对于欺诈调查有巨大的帮助。所以在明镜系统中，信也科技也有个单独的爬虫系统从外网汇聚各种有用的信息，帮助调查人员跳出公司数据层面，从更高层面审视一个用户的欺诈风险。

（4）从纯人工到 AI 辅助人工。在明镜中，信也科技还引入了更多的 AI 成分，来帮助提高调查人员的效率，诸如图像识别（基于 AI 识别图片中的背景材质、颜色、灰度、亮度、角度，以区分场景及风险识别）、自然语言分析等。

3. 第三代反欺诈系统

第三代反欺诈系统的核心目标是输出信也科技的核心风控能力和风险定价能力，内部称之为风险半自动驾驶系统。

在该系统中，信也科技提供以下功能：

（1）风险一体化解决方案。风险一体化方案包含客户端 APP、数据采集 SDK、变量计算引擎、规则引擎、决策引擎、风险定价引擎、外部数据引擎、爬虫引擎、规则生成引擎、模型训练引擎等一系列风控所需要的功能模块，构成完成的风控系统，做到零研发搭建风控系统。

（2）配套数据服务。提供以信也科技自有数据为基础的数据服务，包括但不限于信用分、欺诈分、团案分、设备分。

（3）多样化的部署方式。支持公有云，本地部署，私有云部署等多种方案，适应各种应用场景。[①]

---

① 《揭秘明镜反欺诈系统》，2018 年 9 月 29 日，见 https://group.ppdai.com/forum.php?mod=viewthread&tid=880469。

第五节　风险定价，智慧风控的核心

通过反欺诈引擎甄别出有还款意愿的优质借款人后，则进入到智慧风控的核心——风险定价环节，这一环节具体指以客户信用为基础性参考标准实行差异化利率，以平衡风险和收益。

客户信用的评估是通过采集个人的历史多维数据，采用一定的建模方法抽取特征变量来实现的，可以预测出个人未来的违约风险。

在风险定价的实践中，不同类型和处于不同发展阶段的金融企业有着不同的侧重点，比如对于P2P企业而言，风险定价需要同时考虑借款人、投资人及平台三个主体。借款人需要享受合理的额度和借款成本。投资人需要能够得到合理的风险调整后收益。作为撮合方的P2P平台，则希望在满足借款人和投资人两方的需求的同时（这是先决必要条件），尽可能地服务更多的用户。在这个过程中的核心是对每一笔借款违约概率的准确预测。

借款人：基于借款人的风险预测，优质的借款人能享受更低的借款成本和更高的额度。相对不那么优质的借款人则需要付出更高但还是合理的成本。最劣质的借款人（甚至是欺诈借款人）则会被直接拒绝。

投资人：由于借款人承担的利息成本是基于其风险设置的，平台可以在大数上设定为未逾期的借款人所付出的利息减去逾期借款人带来的本金损失后依旧能够达到合理的收益水平。

平台：需要合理地平衡借款人的成本和投资人风险调整后的收益。原则上，只要投资人收到的利息足够覆盖风险（需在分散投资的情况下）；借款人能够接受成本；这样的成本被法律保护，则平台就应该努力撮合这笔交易。满足上述原则的过程，即被称为“风险定价”。①

一、风险定价智能化的必要性

商业银行风险定价能力亟须升级。受利率市场化、互联网金融崛起等

① 《直播 | 拍拍贷首席数据官顾鸣：大数据风控的关键技术》，2017年4月22日，见 http://www.sohu.com/a/135760782_609569。

影响，银行传统的大额贷款业务规模下滑，转而在小额信贷等效益更好的新领域发力，这也要求商业银行的风险定价能力必须有所突破和提升，必须能够应对小额、大量的信贷申请并将风险控制在目标范围内。

另外，在互联网金融，尤其是网络借贷领域，线上小额信贷已被很多人接受，投资端、借款端的用户也对平台的风险定价能力提出了更高要求，这也促使金融机构更加重视风控，它们多利用大数据、人工智能等新兴技术，通过建模等方式实现对大量线上申请的自动审批、放款，使得风险定价的智能化程度越来越高。

二、信用评分模型的应用

信用评分模型基于大数定律等统计学技术，通过对采集到的数据的分析和挖掘，给出风险评级和定价，由于具有相对较高的客观性，因此信用评分模型不易受信贷审核人员的主观意见、个人情绪等主观因素影响，提升了风控的客观性与有效性。

美国三大征信局 Equifax、Experian 和 Trans Union 均使用 Fair Issac Company 推出的 FICO 评分，其主要通过五个主要因素来评估借款人的信贷资质，得出的信用分数范围在 300~850 分之间，分数越高，信用风险越小，比如 800 分以上的人群中仅有不到 1% 的可能在未来两年内出现严重违约（逾期 90 天）。

表 12–3　FICO 评分参考因素

维度	主要因素
付款历史（35%）	1. 履约情况：信用卡账户、零售信用账户（如商场信用卡、加油信用卡等）、分期贷款账户（如车贷）、财务公司账户、抵押贷款账户是否按时履约，逾期还款次数、金额、严重程度等是否影响整体信用记录。 2. 公共记录：破产记录（保留影响 7—10 年，具体取决于破产类型）、法律诉讼记录、工资记录。

（续表）

维度	主要因素
未偿还金额（30%）	1. 未偿还金额大小：不同类型的账户，如信用卡账户和分期付款账户的未偿还比例。 2. 信用账户利用率：利用率越高代表越接近可用信用的极限，对 FICO 分数产生负面影响。
信用历史长短（15%）	信用账户账龄：包括个人最早开设和最新开设信用账户的账龄。通常情况下，账户使用时间越久，FICO 分数越高。
信贷组合（10%）	1. 信用账户类型：是否拥有分期付款类型账户（如车贷）和循环信用贷款（如信用卡）？ 2. 信用账户数量：账户数量对 FICO 分数的影响取决于个人的整体信用情况，已经关闭的信用账户会一直存留在信用记录中。
新开设的信用账号（10%）	新开设账号数量：如果短时间内开设多个信用账号，贷款机构或信用卡机构会在用户授权下调用信用报告，次数越多，对 FICO 分数影响越大。

资料来源：公开资料，零壹智库。

信用评分在国内出现于 20 世纪 80 年代，在信用卡普及的背景下，彼时国内银行以客户的信用卡开户记录、提供的资料为主要的审核标准，采用判断式的信用评分，此后不断迭代优化，基于国内现状、数据积累以及参考借鉴海外经验，迭代出了许多用于个人的评分系统。如今，信用评分被广泛地应用于信用卡申请、消费分期、免押金租赁等领域。常见的应用实例包括共享单车免押金、购物分期白条业务和信贷资产评估等①。信用评分卡是金融机构中最常见的风控手段之一，以逻辑回归作为基础模型，其核心目的是通过对历史数据，如人行征信数据和潜在 / 实际贷款人的海量数据集的深度挖掘、提炼和分析，给用户进行信用评分，据此决定是否给予授信、授信额度和风险定价。

① 《案例解析丨拍拍信风控解决方案，高度匹配机构痛点》，2018 年 11 月 12 日，见 https://www.jianshu.com/p/188d94b5f16a。

表 12–4　信用评分卡模型优劣势

信用评分卡模型优势	信用评分卡模型劣势
模型针对性强。模型大多基于完善的数学、统计学理论及先进的数据分析技术，且模型分析的对象是银行内部积累的客户信贷数据，针对性较强，也令其预测准确度较高。	存在样本偏差。由于模型分析的基础是过往通过银行审核的样本数据，并未包括未能通过审核的那部分数据，这也造成了模型所用的数据存在着选择性偏差，模型预测的能力和准确性也受到影响。
审核标准统一。模型结构标准、简单，易于理解和沟通，商业银行可使用统一标准审核不同客户的信贷申请，避免了人为不当干预。	数据维度单一。不管是国有大行、全国性股份制商业银行，还是中小银行，单个银行机构的数据量有限，主要集中在与信贷强相关的数据，维度较为单一，对信贷决策的支持作用也就大打折扣。
实现高效审批。模型能帮助银行较高效、低成本地进行授信审批，也有利于客户进行高效申请，客户只需提交模型所需的资料便可快速获知是否能够通过审批。	数据质量存疑。由于我国信用体系处于建设阶段，数据量有限的同时，数据的质量、真实性也难以保证，比如个人灰色收入等没有纳入信用信息中。

资料来源：公开资料，零壹智库。

【案例分析】ZestFinance 大数据信用评估

ZestFinance 是美国知名的大数据征信公司，其在风险定价领域的创新堪称业内标杆。美国消费者金融保护局在 2015 年“信用隐形人群”的报告中指出，约有 1940 万美国人因信用记录不完整而无法获得 FICO 分数，占人口的 8.3%，另有 11% 的成年人或约 2600 万人口属于信用隐形人。

ZestFinance 在 2009 年成立之初就找准了发薪日贷款（pay day loan）作为切入点，在发薪日贷款行业，很多贷款人属于“信用隐形人”，所以从 FICO 的角度进行信用评估，他们属于高风险人群，与之对应的利率非常高。ZestFinance 使用非传统渠道获取的海量数据建立有别于传统信用评估体系的模型。它的自动化机器学习平台（简称 ZAML）可以赋能各行业企业准确识别合格借款人，令信用档案不完整或缺失的借款人以低成本融资，从而普及公平信用的理念。2015 年 ZestFinance 获京东 1.5 亿美元投资，为后者提供诸如社交、购物等非传统数据的价值挖掘技术和模型。2016 年百度在 E 轮融资轮次中也加入了投资 ZestFinance 的大军。

ZestFinance 的模型具体分为五步：

第一，原始数据。录入成千上万个变量，如借款人填写申请的大小写和搜索习惯。

第二，转换数据。挖掘变量间的隐含逻辑，并将最佳变量转换成有用的数据形式。

第三，元变量。在关联性基础上把变量合并为描述借款人特定维度的元变量。

第四，模型。把元变量输入到不同的模型中，每个模型给出分立结论。

第五，决定分数。将每个模型的结果集合成一个最终信用分数。

第六节　智能催收，完成闭环

长期以来，中国金融行业过度依赖贷前和贷中风控，对于贷后风控以及催收的重视力度还远远不够，催收外包是普遍现象。实际上在信贷风控的全流程中，催收与贷前的反欺诈、授信决策、风险定价和贷中的风险预警等环节密切相关。近年来，以 P2P 网贷为代表的非银行业金融机构不良贷款规模呈现增长态势，因此而形成的坏账损失不断推升经营成本、侵蚀机构利润，这对逾期催收业务也提出了更高的要求、更大的挑战。

一、传统催收的困境

催收行业发展到现在，面临着诸多亟待解决的痛点。

作为人力密集型行业，催收的核心在于能否制定有效的催收策略，以低成本、高效率收回逾期贷款。催收策略的维度主要有三个：

第一是用户维度。谁欠款？第几次欠款？以前与经办的交互情况如何？

第二是经办维度。谁去催？有什么特质？对应不同类型用户的催收效果如何？

第三是前面两个维度的结合。什么用户，用什么经办，以什么方式去催，比如打什么电话、说什么话、是否需现场催收等。

1. 人力重：逾期案量随着业务同比甚至更快增长，人力需求大，招聘困难，离职率高，管理难度大。

2. 效率低：金融科技对贷后行业渗透度非常低，绝大部分环节手工作业，工具原始，流程烦琐，特殊情况多，导致效率低，成本高。

3. 体验差：催收流程固化，话术缺乏针对性，风险压力大，导致对逾期用户的催收简单粗暴，用户体验差，影响业务的可持续发展。

4. 合规难：金融监管趋严，用户个人保护意识加强，催收作业人员素质参差不齐，质检覆盖度低，导致不合规情况多，投诉高。

图 12-8 传统催收行业痛点

三个维度在传统流程中均耗费大量成本，在逾期案件数量大幅攀升的背景下亟须优化。信也科技首席风险官兼首席数据官、智慧金融研究院院长顾鸣认为最理想的效果是基于逾期用户画像和催收经办人员模型，系统提前生成催收任务分派给对应成功率最高的经办去催，并建议拨打哪一个关联电话以及针对每一个用户的施压点。

二、催收智能化变革

随着大数据、人工智能、云计算等前沿科技强势兴起并对金融业的渗透日益广泛，一场围绕传统催收行业的革新正在悄然上演，智能催收也应运而生。智能催收的逻辑在于，以大数据、人工智能等前沿科技，改造和优化整个催收流程，具体体现为以下两点：

（一）差异化

逾期用户仅有部分属于主观赖账或者存在欺诈行为，更多的是一时疏忽忘记还款或由于收入下降、过度举债等原因导致财务状况恶化，发生逾期。信也科技催收负责人陈伟表示，传统企业和金融机构在催收的过程中很容易为了执行效率而一刀切，导致催收人员对于容易还款的用户和不容易还款的用户都采用一套话术，针对那些容易逾期但还款意愿较高的客户，催收人员应该用比较温柔的话术去对待，采用一刀切的方式很容易影响客户体验，影响业务的可持续性。

基于征信、黑名单、消费、社交等多维度信息及行为表现，企业或金融机构可建立不同时间段还款概率预测模型，预测借款用户每阶段的逾期概率变化；可通过分析用户和经办的画像，了解什么样的用户跟什么样的经办匹配到一起效率是最高的？什么用户只是忘记了还钱，发短信就可以解决而不需要去对他进行人工提醒或催收？对不同的用户和案件采用不同的策略方案进行差异化催收，催收会更具针对性，更智能化。

（二）合规化

传统催收质检一般采用人工抽检的方式，需要大量的重复劳动，覆盖面小，催收人员存在侥幸心理，无法形成有效约束。在催收领域引入自然语言处理（Natural Language Processing，NLP）和机器学习等技术可以有效降低运营成本及合规风险。比如，座席在催收过程中积累的大量语音可以通过语音转文本、文本识别及情绪识别等技术进行施压点挖掘和话术研究，帮助实现话术的智能化推荐及质量监控。随着话术的规范化以及抽检比例的提升，催收人员逐渐形成自我约束，减少违规行为。

【案例分析】信也科技智能催收——智牛

智牛是信也科技内部孵化并已对外输出的智能催收系统，运用人工智能（催收机器人、质检机器人）、大数据评分模型、SaaS 催收系统等前沿金融科技，优化整个催收流程，降低催收成本，回款率、人工效率等方面也得到较大提升。智牛的业务范围主要有以下几类：

1. 智能分案——用户 / 座席分群，优化分案流程

通过预测借款用户在贷款产品到期前后的逾期概率变化对催收案件进行差异化的催收。一般而言，用户借款周期可分为几个阶段：到期前 N 天内，

逾期1—30天内（M1），31—60天（M2），61—90天（M3），90天以上（M3+）。逾期90天以上（M3+）的通常被定义为不良资产，逾期180天以上的为坏账。

根据借款用户的基本信息和行为表现，建立不同时间段还款概率预测模型，即贷中和贷后模型。结合不同时期的模型分析，企业或金融机构可以对用户做回款难易程度划分，针对不同还款难度的逾期用户进行差异化催收。例如，容易还款的用户可以采用轻微的短信提醒或催收外呼机器人的方式，回款难度高的用户采用提前入催或人工催收的还款方式。

相比贷前风控模型，贷后模型会更关注用户在不同逾期阶段时期的行为表现，不同阶段的还款用户表现也不尽相同。例如，在逾期30天内还款的用户，更多是习惯性短期逾期的用户，逾期30天、60天后还款的用户，更多为催收历史记录良好且掌握更多的有效联系信息[①]。

通常贷后催收会将逾期30天以内的案件划分到前端模块，逾期30天以上的则划分到后端模块，前端模块的特点是案件量多，金额小，回款率高；相比前端模块，后端模块案件的金额较大，回款率偏低，并且会有前端催收积累的一些反馈信息。此时座席会更多地与欠款人进行谈判，争取尽量多的回款。针对前、后端催收模块的特点，我们在搭建推荐系统时考虑的座席属性和案件属性会有所差异。以前端为例，在座席维度，我们根据座席的拨打次数和回款额两个维度对座席进行聚类分析，聚类结果显示催收座席被大致分成了5类，其中回款金额高且拨打次数少的，我们定义成“质量型”座席；回款金额高且拨打次数多的，我们定义成“效率型”座席。

在案件维度，通过建立分类模型将案件按还款难度分成难中易三个等级。在有了座席的分类和案件的分类后，我们会测试让两个类型的经办各负责催收一个难度的案件，验证是否不同类型的座席适合催不同类型的案件[②]。

---

① 《三步走，打造高效催收的“神药”！》，2018年7月11日，见https://zhuanlan.zhihu.com/p/39533766。

② 《精准匹配！——智能催收之案件推荐系统》，2018年12月19日，见https://mp.weixin.qq.com/s/8PamZM6dcZfe3fieGko_Yw。

2. 智能外呼——语音催收机器人

一般逾期 3 天内，通过语音机器人筛选逾期用户名单，通过短信或电话的方式，提醒用户还款。在通话中，机器人可自动提取借款人语音信息进行回答，反应时间低于 1 秒，因客换声、灵活应答。①

表 12-5　逾期阶段对应措施及效果

阶段	措施	效果
逾期 3 天内	短信提醒，智牛系统通知	忘记还款日、习惯性短逾期等情况的用户，大多能被催回。
逾期第 4 天起	人工介入，专业催收人员进行催收	专人具体了解借款人的债务情况，账务还款能力等，针对不同还款难度的逾期用户进行差异化催收。采用短信、电子邮件、电话、配合律所信函等。
逾期超 90 天	法院诉讼、上报老赖信息等	进一步提高催收效率。

资料来源：信也科技，零壹智库。

从催收效果上看，运用智牛催收系统后，逾期 3 天以内的用户的回款率可达到纯人工催收的 91%；在逾期前 3 天机器人催收未果、后续人工跟进的情况下，回款率与纯人工模式相比几无差别，对坏账率无实质性影响。

3. SaaS 催收系统

主要供催收座席使用，系统具有几大特点和优势。

一是信息优势，系统里 90% 的黑名单与外部机构重合，数据库庞大；凭借持续的数据积累，系统可不断完善逾期用户画像，为客户制定催收策略，如每个电话号码的建议拨打次数。

二是策略优势，催收人员可运用系统筛选出容易发生逾期的案件，与此前传统的单靠人工作业、经验分析的筛选模式相比，效率更高、成本更

① 《科技赋能，揭秘拍拍贷高效催收背后的故事》，2018 年 10 月 25 日，见 https://group.ppdai.com/forum.php?mod=viewthread&tid=881509。

低。在商品推荐场景中，一个好的个性化推荐系统通常会考虑用户属性和商品属性两个维度。若将这个思路移植到催收案件推荐场景，那么催收座席等同于“用户”，而案件则是“商品”，座席的属性包括：性别、年龄、拨打策略、话术习惯等，案件的属性包括欠款用户的基本属性、历史还款行为、逾期天数等，我们认为理想的案件推荐系统需要将案件属性与座席属性相匹配，将不同类型的案件分配给合适的座席催收，实现案件的个性化推荐。

三是高效工具的集成，形成一揽子解决方案，包括连接至机器人平台，发起请求让机器人处理简单案件；令机器人阅读案件，在与用户沟通前提前知悉用户沟通意愿、还款意愿等信息；集成底层线路资源，不管是短信还是电话，均省去了不少拓展线路的成本。此外还有模型评分，可评测用户质量。

此外，传统催收流程中，催收人员需花大量时间在写催收记录上，时间成本较高，智牛系统推出了“催记补完计划”，利用 NLP（自然语言处理）和语音模型技术，根据语音自动记录催收电话内容，极大提升人工效率，更助力话术行为研究及丰富用户画像。

4. 智能质检

金融行业的许多环节都离不开专业人员以电话形式向用户提供定向服务，包括客服、贷前运营和贷后管理催收等环节。为了保证座席的通话质量、服务的专业性，提升客户体验和满意度，金融企业往往会设置质检环节，对人工座席（客服）进行录音抽检或全检。随着金融企业业务量与客户数量的增加，传统质检已经无法满足现在金融企业的需求，面临以下几个痛点：

智能质检是针对 B 端企业的客服人员提供的服务质量检验。智能质检应用语音识别技术和自然语言理解技术对人工客服的海量录音文件转写后进行数据分析挖掘，以完成对人工客服用语是否规范、客服人员情绪是否良好、是否有违禁词语等核查。另外，智能质检还可以对客户来电原因和来电情况进行分析，挖掘客户需求点和潜在营销机会。以信也科技为例，智能质检机器人产品在内部测试上线后，日均覆盖录音量 2 万通，和人工的 2000 通相比，已经达到了 10 倍的效率提升，准确度提升了 25%，大大

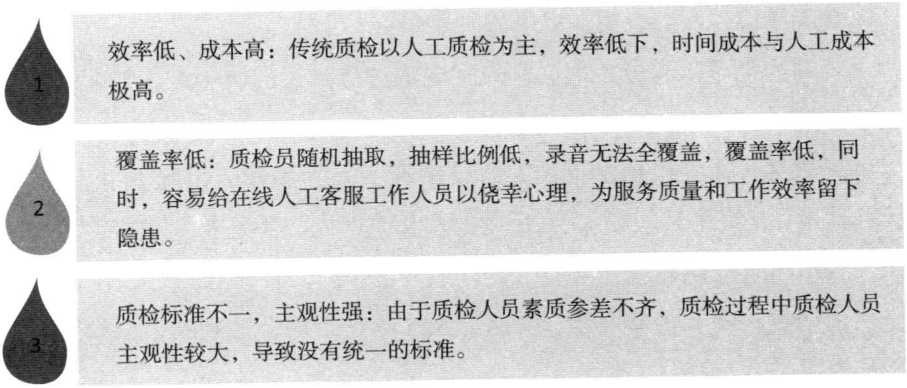

图 12-9　传统质检痛点

扩大了质检范围，提高了质检效率，并且带动提升了整体的服务质量，并且这些数字还在不断增长迭代。[①]

智能质检的应用一方面减少了对人工服务座席录音抽样检查保障服务质量的工作量，另一方面全面的检测也解决了过去只能抽样 1% 左右的录音进行质检，无法全面监控客服质量的弊端。

表 12-6　传统质检与智能质检差别

	传统质检	智能质检
质检方式	人工抽查	全自动检验
质检抽检率	低，在 1% 左右	高，100%
成本	高	低
漏检率	高	低
质检标准	标准不统一	统一标准
质检延时	存在延时且延时较长	不存在延时，批量及时处理
业务价值	无法对所有数据进行聚合分析，从而难以准确把握客户	样本丰富，可体验业务价值丰富，有利于提升客户服务质量

资料来源：公开资料，零壹智库。

① 《提效 10 倍 + 的拍拍贷质检机器人，集算法与产品的官方浅析》，2018 年 4 月 27 日，见 https://mp.weixin.qq.com/s/XkQzhP1b1sR6HzWrfvPXSg。

智能质检一般会应用在以下四种场景：

规则类：可以通过关键词和关联逻辑进行描述的质检点，如业务禁语或违规词。

场景类：需要根据上下文，假设出现了A类场景的情况下（关键词/第几通电话/提了某问题），在后续的多长时间内，需要有B类应答，如客服是否给出有效回答。

情绪类：需要根据声音、情绪以及文本进行综合性判断，如判断座席服务态度是否友好。

交互类：场景类需求的前提下，需要进一步核对后台数据，进行判断，如座席对身份核审的准确性。

（1）智能质检流程

质检机器人主要运用语音和自然语言处理方法，对电话语音中的内容进行多角度的分析，模型技术主要涉及模式匹配、文本相似度识别、语音情绪识别等方法。

输入层：运用语音转写技术将需要质检的录音转化成文本，对文本和语音数据进行预处理。

算法层：常规的质检算法流程主要集中在规则配置和正则匹配上，例如，质检员需要检查座席小A在和客户问候时是否有提及“拍拍贷”，解析成规则即“是否包含关键词——拍拍贷”，算法层面即会转换成对应的正则模式“.* 拍拍贷. *”，进行模式匹配。这种单一算法在场景拓展和准确性提升上存在很大的局限性。不同于常规的质检算法，除了正则方法的模式匹配外，拍拍贷会将文本和声学模型结合，建立相关的LSTM网络模型进行模型融合，集成后的模型结果在准确度和稳定性上都有一定的优势。

前端层：为了保证结果的准确性和稳定性，在产品前端层面，前期需要建立相应的人工复检和反馈机制，为模型的在线迭代更新提供更多样本积累。

（2）智能质检模型应用

① 基于文本的算法模型的应用。在针对规则类和场景类问题的算法应

用上，传统的方式是关键词的模糊匹配、正则表达式、语义匹配等方法。这些方法存在两个明显的缺陷：一是人为的规则制定无法穷举实际对话中所有的关键词或规则表达式；二是复杂难解释的规则匹配较难适应质检标准的多变性和灵活性。为了解决这些问题，可以采用文本 LSTM 预测和规则配置管理进行改进。

其一，文本 LSTM 预测。在规则模式匹配的基础上，可以尝试添加针对短文本的标签分类算法，来适应更多的语义组合。这里采用了 LSTM（Long Short Term）算法，其原理和 RNN 相似，RNN 网络能够把前置输入的信息往后传播，适合处理时间序列的数据以及需要结合前后信息的数据。LSTM 是 RNN 的升级版，本质上能更好地保存多级且长期的输入样本特征。

在质检的文本对话场景里，在对分割好角色的文本进行分词和切词等预处理工作后，需要对文本做一个字符到数字的映射，再将真实对话场景中的所有词汇根据词频进行排序编码，对应的编码最终映射到每一句对话的短文本上。

对预处理后的数据会建立 Embedding 词向量矩阵，将每一个词初始化成 N 维的词向量，进行 LSTM 模型训练。下图是网络结构，多层的 LSTM 训练效果经尝试被证明比单层的分类效果更优，模型最终的结果反映了每句话触碰到相应规则的概率。相较于单一的规则匹配，LSTM 算法能更好地考虑前后词的关系，可以覆盖更多形式的文本样例，帮助提高模型的召回率（Recall）。

其二，规则配置管理。为了满足质检标准的多变性，我们设立了规则编辑功能，让质检员可以自主编辑关键词和规则运算符，相较于难懂的逻辑运算符（&&，||，!），我们将其具象成对应的链接符号和图标，帮助业务人员自主进行任意的规则配置。除此之外，相关的同义词联想功能的建立可以帮助缓解同一语义不同形式的问题。

在面对更为复杂的场景类问题时，由于一条标准通常会包含多个质检点，智能质检可以进行场景分割和规则命名，对业务场景（如是否借款用户本人来电）、质检角色（座席还是客服）、质检范围（如第一句到第三句）做相应设置。这样，一个标准的规则编辑流程会将质检员眼中关于质检标准的自然语言解析拆分成模型算法可以读懂的逻辑语言，满足了场景拓展的灵活性。

② 声学模型的应用。质检的输入数据实际是语音而非文本，对语音数据的直接处理能力的效果会比单纯使用文本模型更胜一筹，增加声学模型可以弥补语音转写造成的错误率和解决情绪类问题的质检点。情绪识别是声学模型的一个应用，通过人的声音提取时域频域序列特征，构建五类有标签的情绪分类模型。如对每一句话进行情绪打分，在检测服务态度违规的案例中，会发现情绪分（Anger）的分布和正常对话相比有显著的差异。

在实际应用中，将声音和文本分输出，额外考虑语速、时长等聚合变量进行模型融合，有效解决了正则规则的不灵活和文本的翻译质量问题，准确度（Precision）和召回率（Recall）都有所提升。[①]

以信也科技质检机器人为例，信也科技目前已经积累了大量的语音数据，主要形式是各个业务场景下的电话录音数据。目前，情感识别技术已经被信也科技应用在电话业务相关场景中，对于一通电话，信也科技首先分别对座席线路和客户线路的语音数据进行静音检测（VAD）来划分有效语音片段；然后再对各个有效语音片段进行情感分析，得到五种情绪的概率分数；最后将情绪分数作为输入（X）送入各种后续模型场景当中（Y）。对于座席和客户，信也科技有不同的分析场景：

对于座席线路，重点分析座席是否在通话中有不良的情绪，将情绪分数作为语音质检模型输入的一部分，进一步综合判断座席是否存在违规现象。此外，还可以结合历史数据建立模型，来预测座席近期的服务满意度、是否会离职等。

对于客户线路，重点分析客户在通话期间情绪随时间的变化，特别是

① 《提效 10 倍 + 的拍拍贷质检机器人，集算法与产品的官方浅析》，2018 年 4 月 27 日，见 https://mp.weixin.qq.com/s/XkQzhP1b1sR6HzWrfvPXSg。

通话开始和结束的情绪变化（是否经过座席的沟通，客户的情绪有了好转迹象），以此来评估客户的满意程度和座席的服务质量，并且还会以此生成客户的倾向特征标签。[①]

据了解，智牛迄今积累超300万黑名单数据，底层数据越多，催收质量也将越高。除了应用于信也科技自身催收业务外，智牛系统已对外输出其核心能力，赋能其他金融机构。目前智牛系统合作客户已有数十个，包括消费金融公司、银行、中小互联网金融平台、保险公司、信托、小贷公司等。

---

① 《浅谈语音情感识别技术在互金质检领域的应用》，2018年5月11日，见https://mp.weixin.qq.com/s/_vIkyTwn0kbyZjW0DBb8zQ。

第十三章　银行风控正在智慧化

第一节　传统风控痛点

一、风控体系较为落后

传统金融的风控体系以央行的征信记录为基础，以人工审核、专家规则、客户评级为主要手段，以定性分析为主，定量分析的比重较低。这种模式的弊端在于数据和维度有限且审核的效率也较低，价值数据未能有效整合且数据共享机制没有建立起来，大量传统的非结构化数据很难转化为结构化数据。

以银行为例，传统风控手段和数据维度均较为单一，一般采用央行征信数据、信贷数据等维度窄、量少的强相关数据，通过信用评分模型来定量计算贷款违约的可能性，确定违约的损失分布，以规避风险损失，并根据预测的风险水平进行利率定价。另外，尽管银行数据庞大，但各部门、各个业务的数据彼此割裂，未能有效整合到一起，形成了企业内部的“数据孤岛”，不利于银行建立支持零售业务发展的风控模式。

中小银行普遍对风控系统投入不足，未能建立有效的风控支持工具，主要依靠专家规则等人力风控，无法及时发现信用风险，无法有效发现和预警客户逾期行为。另外，在贷后催收方面，银行资产保全部门人才匮乏，缺乏技术支持，还处于人力为主的催收阶段，无法应对频繁的催收案件。

传统的银行风控效率低、准确度低，在反欺诈方面不够成熟，智慧风控的应用能够改善银行风险被动管理的局面，通过应用智慧风控，在贷前客户准入、贷中风险评级、贷后风险预警和逾期催收管理全周期信贷流程中赋予技术属性，能够帮助银行发现欺诈客户，为客户匹配其风险级别的额度和利率，实时发现客户的异常行为，及时预警，提高风控系统准确率，有效降低银行不良率，改善银行资产质量，促进银行资产结构高质量发展。此外，智慧风控系统的运用，还能降低风控流程对人工的依赖，减少人为审批评估有误而导致的逾期。

二、难以覆盖普惠人群

近年来，国家密集出台政策大力发展普惠金融，作为我国金融体系的重要组成部分，商业银行无疑是普惠金融发展的主力军。不过，银行传统零售业务的目标客户是央行有征信记录的人群，依靠少量强变量信息对客户进行风险评级，但我国征信体系建设滞后，许多二线以下城市的居民和企业征信资料空白，这使得银行无法利用原有风控系统对信息严重缺失的群体确定授信额度和利率；另外，由于普惠金融人群涉及农民、工商个体户、中小型企业等多样化个体，单笔信贷金额小，分散程度高，传统银行的风控系统难以集中管理。

由此，受制于风控，银行在征信空白人口这个细分市场的竞争力不足。此外，我国的征信数据存在封闭、查询代价高和数据严重失真等缺陷，单纯依靠征信中心的数据将对银行风险评级造成干扰，影响评级准确率。而如果银行采用了智慧风控，则可以利用各种弱变量关联数据对征信空白人群进行风险评级和额度授信，将风险控制在可承受范围内，加快银行普惠金融发展速度。

三、信贷审批效率较低

目前中小银行的审批效率普遍较低，难以短时间完成大规模的零散业务信贷的审批，这将直接影响客户的贷款体验，不利于引入人性化、集约化的业务管理。

传统商业银行的信贷审批具有多层级流程化的特征，当客户申请一笔贷款时，需要经过客户经理、评估公司、银行领导、初审员、终审员等反复审批确认。大多数银行个人信用卡的申请，从填写申请资料到最终收到卡片需要 20—25 个工作日。汽车抵押贷款则一般在提交资料后 15 个工作日内完成审批。房屋抵押贷款从申请到放款时间则更加漫长，若政策宽松、额度充裕，约需 1 个月时间；若政策收紧，额度紧张，放款甚至需要长达半年的时间。而对于信用贷款而言，银行的信用贷款一般需要 5 个工作日完成审批。相比之下，得益于智慧风控，大多数互联网金融公司和互联网银行的信用贷款审批一般只需 2 小时以内，甚至有些公司可以实现秒批，例如微众银行的金融产品“微粒贷”在申请后一分钟左右即可实现放款。

贷款审批的时长对客户体验有着重要影响，而业务收入与客户体验高度相关。麦肯锡在《客户体验：领先银行的成功之道》中指出，实施客户体验转型的企业在 2—3 年内营收平均增长 10%~15%，服务成本平均降低 15%~20%，员工满意度平均提升 20%~30%。利用大数据、人工智能等前沿技术，智慧风控可同时处理大规模的信贷申请，实现信贷集约化管理，在提升信贷审批效率的同时也为客户提供了良好的信贷体验。

四、人力成本较高

银行的人力成本费用普遍占比较高。统计数据显示，截至 2018 年年末，五大国有银行管理费用占营收的比重普遍超过 25%，属于高人力成本行业。

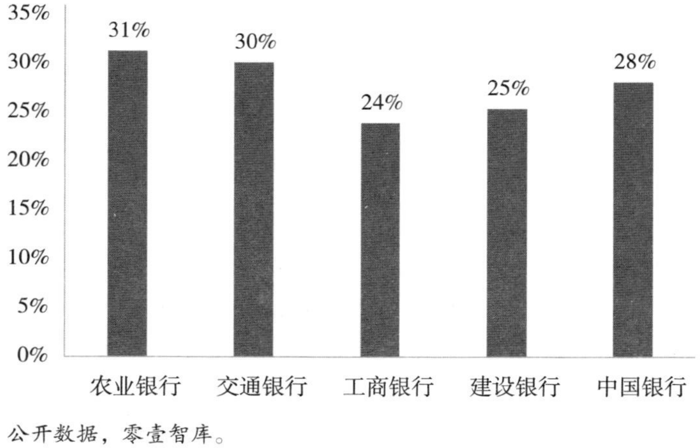

数据来源：公开数据，零壹智库。

图 13–1　2018 年五大国有银行管理费用率

相较传统风控高度依赖人力，智慧风控在常规可编码工作流程、简单人际交互流程中可运用人工智能技术，对风控审批人员、规则制定人员以及贷后催收外呼人员进行替代，从而削减风控领域人力岗位，降低人工成本。

由于智慧风控的人工智能对原来风控领域的人力决策产生了替代，所以风控领域人力岗位会被削减，人力数量也相应减少。智慧风控可利用模型进行自动决策定价。根据波士顿相关报告，到 2027 年，中国金融业就业人口可达到 993 万人，其中 23% 的工作岗位会受到人工智能带来的颠覆性影响，削减或转变为新型工种；剩下 77% 的工作岗位未被替代，但效率将获得大幅提升。其中，银行业就业人员削减比例大约为 22%，减少 104 万人员。主要消减的岗位是交易类、风险类和客服类。在风险管控和审核领域，风险审批将会减少 22 万个服务岗位，贷款催收和风险审核分别减少 2 万个工作岗位。风险管控和审核环节有 62% 的工作时间缩减。

第二节　银行的行动

面对传统风控的诸多痛点，在新兴科技蓬勃兴起的背景下，商业银行也主动出击，通过自建、合作、引入等方式搭建智慧风控体系，重塑乃至颠覆传统风控流程与模式。其中，国有行、股份行、上市城商行的探索与实践走在了行业前列。

一、全国性股份制银行

以招商银行为代表的全国性股份制商业银行，一直以零售金融为核心战略之一，在这轮金融科技浪潮中也相继成立金融科技子公司，发力智慧风控等前沿领域，并对外输出部分核心技术，赋能其他金融机构。

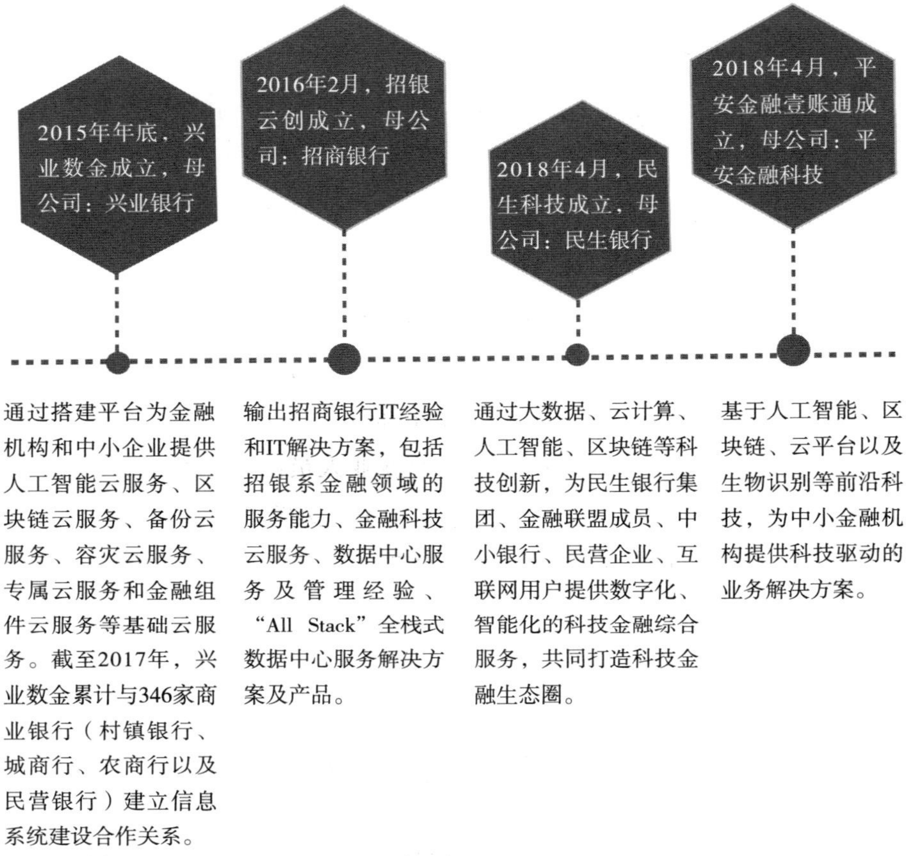

资料来源：公开资料，零壹智库。

图 13–2　部分金融科技子公司概况

以招商银行旗下子公司招银云创为例，该公司在智慧风控领域的研发主要集中在反欺诈和风险监测环节。在反欺诈环节，该公司应用人脸识别、虹膜识别、声纹识别、指纹识别等生物识别技术对用户身份和交易风险进行识别，多维度的身份识别极大降低了欺诈登录和欺诈交易的概率，为客户提供全方位的反欺诈防护，招商银行 APP6.0 即利用了此类技术。

在风险监控环节，招银云创通过前馈神经网络、卷积神经网络等深度学习方法，提取客户多维信息中的风险因子，对指标异常的客户及时发出警报。招行智能投顾产品“摩羯智投”应用了此项技术，为客户智能推荐产品后，摩羯智投可监测客户的异常行为，并及时发出预警，提升客户账户资产的安全性。

此外，招银云创还对外输出其解决方案，合作方包括商业银行、证券公司、基金公司等。

资料来源：公开资料。

图 13-3　招银云创部分客户

二、国有四大行

国有四大行资金实力雄厚、品牌认知度高、人才储备较充分，与 BATJ 四大金融科技巨头强强联合，将自身在网点、客户资源、金融数据、资金等方面的优势，与后者在科技、流量、场景等优势结合，集体出击智慧风控。

表 13-1　四大行与互联网巨头合作情况

	中行	农行	建行	工行
合作公司	腾讯	百度	阿里	京东
合作模式	金融科技联合实验室	金融科技联合实验室	战略合作	金融业务合作
合作时间	2017 年 6 月	2017 年 6 月	2017 年 3 月	2017 年 6 月

（续表）

	中行	农行	建行	工行
合作内容	云计算、大数据、区块链和人工智能领域，实现普惠、云上、智能和科技金融愿景	用户画像、精准营销、信用评级、风险监测、智能投顾、智能客服等领域	信用卡线上业务；全渠道业务、电子支付、信用体系	金融科技、零售银行、消费金融、企业信贷、资产管理、个人账户、校园生态
合作产品	新一代网络金融事中风控系统	AB 贷	–	工银小白
智慧风控应用	规则和模型反欺诈，机器学习进行风险监控	百度提供 AB 贷的反欺诈、风险评价模型	–	生物识别风险，机器学习进行风险决策

资料来源：公开资料，零壹智库。

国有四大行在 2017 年纷纷出击，分别与国内互联网巨头通过联合实验室或战略合作的方式建立科技链接。虽然有些银行已经不是第一次与互联网巨头合作，但此次集中的合作举措彰显了传统国有银行对于技术的重视程度激增。在智慧风控领域，腾讯、百度和京东在合作产品的风控环节给予大数据、人工智能等技术支持，赋能银行业务。合作产品是纯粹的技术解决方案，例如中行和腾讯合作研发的事中风控系统；或是信贷产品，通过银行提供金融产品设计以及互联网公司提供的技术支持融合而成，例如农行和百度合作的“AB 贷”。

中行与腾讯合作完成新一代网络金融事中风控系统的研发，在中国银行互联网金融风控体系的基础上，融入腾讯的大数据、人工智能和云计算等技术，抓取和分析用户基本信息、交易信息和行为信息等多维信息，通过策略和模型对多渠道的金融业务进行事中监控，及时预警和拦截高风险客户登录和高风险交易。

农行和百度是产品研发进度最快的一对组合，从合作到推出共同研发的产品仅用了 5 个月。在合作产品“AB 贷”中，农行负责产品的适用范围、目标人群以及运行流程方面的设计，偏向于金融产品设计。百度运用信用风控模型以及 PreA Fico 分机制、反欺诈模型等技术，结合农行风控管理措施，实现客户精准识别、准入与精细风控，并根据客户评分确定其贷款利率，实现个性化定制。

工行和京东合作推出了“工银小白”数字银行，这是工行在智能网点的一次新尝试。工银小白并无独立的 APP，只是嵌套在微信、直播、娱乐或消费类的 APP 中，机动灵活，能够替代银行网点的业务办理功能。京东在开发中无疑承担着技术职责，利用数据采集、数据挖掘和生物识别等技术对用户基本信息、交易信息和行为信息进行采集分析，完成用户画像刻画，防控欺诈风险，保障数据安全。

阿里和建行于 2017 年 3 月开始在信用卡线上开卡、线上和线下渠道业务、电子支付业务以及信用体系互通等方面展开合作，共同探索商业银行与互联网金融企业合作创新模式。

三、上市城商行

表 13–2 上市城商行的举措

城商行	举措
北京银行	1. 推动研发能力建设，设立顺义科技研发中心（亚洲单体面积最大的数据中心）。 2. 加强大数据能力建设，以人工智能、分布式数据以及云计算平台作为技术支撑，运用于贷款风险审批的前、中、后三个阶段。 3. 外部合作方面：与京东金融展开战略合作，提升数据建模能力，运用于数据化风控；与知因智慧开展合作，聚焦大数据知识图谱研究，扩展风控手段；与旷视科技（Face++）开展人脸识别合作，将生物识别技术运用于贷款条线当中，降低欺诈和信用风险。
上海银行	1. 搭建了以 Hadoop 为基础的分布式大数据应用平台以及算法系统，并通过内部与外部数据融合，引入其他类数据，丰富各类模型的准确度。 2. 将大数据模型运用在线上贷款的申请、审批、签约、提款等环节，极大缩短信审时间、降低审批差错率；通过构建用户风险图谱，实现风险数据可视化、数字化以及智能化，进而更好地控制不良率。 3. 搭建了 IaaS 云，并已将虚拟主机部署在云上；在 PaaS 云方面，通过分布式架构解决交易量的问题，提升运作效率。 4. 生物识别方面，已将指纹识别和人脸识别运用在贷款业务条线，提升反欺诈能力。

（续表）

城商行	举措
江苏银行	1. 研发了大数据平台和适配的模型，并运用在“e 融”系列网贷产品；推出“月光宝盒”云服务，提高运作效率。 2. 打造“融创智库”大数据平台，通过开源设计，融合金融、社会、网络数据，增加模型中使用的数据维度。 3. 在信贷审批上，整合预警、黑名单、反欺诈自动审批决策以及全流程风险管理等功能，提升多个系统的协同性。 4. 通过“融无限”项目，深度挖掘客户内外部数据，建立具有丰富数据维度的用户画像，并辅以机器学习为核心的智慧引擎应用系统，从而提升风控审查精度和响应速度。 5. 生物识别方面，已在反欺诈领域成功运用人脸识别技术。 6. 与南京大学合作，建立了大数据博士后风控站。
南京银行	1. 基于阿里的云飞天系统搭建具有共享生态特点的“鑫云 +”平台，包含 OceanBase 数据库及各种云计算模块等，平台内成员可进行技术、业务以及数据互通。 2. 将生物识别技术运用到信贷条线当中，并整合了多个信用信息渠道以及黑名单数据库，丰富了银行风控的技术手段，提升了风控水平。 3. 外部合作上，积极布局联合贷款模式，通过和百度、蚂蚁金服以及京东等互联网巨头合作，实现贷款新模式探究。
宁波银行	1. 研发了集大数据系统、金融数据模型、指标体系和应用于一体的“海王星”大数据平台，并通过“智能数据积木”产品，让业务部门在大数据平台上进行数据分析、挖掘、报表处理等工作。 2. 将互联网数据、专网数据以及行内数据，接入到行内风险挖掘模型、预警模型和分析模型当中，进而有效控制信贷风险，及时回收贷款；数据模型还广泛应用于高风险客户排除、反欺诈、贷前风控、贷中实时风控当中。 3. 在数据入口上，融合了近二十类外部信息、十多项专网数据、多套系统风控数据，累计储存了千万级别数据量的风险信息。大量数据广泛应用于银行的风险缓释、智能风控、风险预警、交易风险等多项业务当中。
杭州银行	1. 通过与阿里云、城云科技合作，成功打造集人工智能、分布式、大数据和区块链于一体的金融科技创新实验室。 2. 通过实验室的各项研发成果，成功将金融科技技术运用到风险预警和风控建模上，实现风控信息全天候自动校验。
长沙银行	相对其他城商行，长沙银行更注重区域金融生态圈的发展。通过打造金融生态闭环，在零售和对公业务上，长沙银行能够有效掌握相关的信息流、资金流和数据流，深度掌握客户数据，建立相关的用户图谱，更好地透析用户的各类风险点。

（续表）

城商行	举措
贵阳银行	1. 积极发挥区域优势，打造“贵州模式”。 2. 通过大数据等技术方案，积极串联各类乡村资源，将乡村电商和金融服务站点联合起来，通过海量数据积累，建立农村金融信用平台，识别优质客户，并发放贷款，从而有效降低客户违约风险。
成都银行	1. 在全面风险管理上，通过建立符合国际 COBIT、ITIL、ISO200000 和 CMMI 等标准的 IT 治理体系，全面优化风险管理、风险管理架构以及风控体系。 2. 不断加大科技投入，打造新一代核心系统，运用于贷款业务上，提高了审批效率，并有效降低了风险。 3. 积极布局金融科技领域，在云计算、分布式架构领域已搭建了应用服务器虚拟化、软件定义网络和软件定义存储等新型技术方案。 4. 基于 Hadoop 技术，打造大数据平台、数据仓库和应用集市。平台整合了银行内部金融数据、外部合作机构数据、互联网数据，导入到适配的风控模型当中，完善了银行内部数据交互系统。
郑州银行	1. 通过成立大数据中心，积极探索智慧金融，并将大数据运用到各金融业务链条上，有效提升整体风控水平。 2. 通过新一代信息系统，极大提升贷款业务处理效率。
青岛银行	1. 与当地政府合作打造风控数据分析系统，利用海关、税务、外汇等数据指标，将多项数据维度运用到对公客户贷款审批当中，有效识别优质客户。 2. 建立基础架构为大数据系统的智能化运维平台，通过大数据技术实现了业务日志的智能化管理，为风控沉淀挖掘和机器学习打下了基础。
西安银行	1. 推出了“@ 盾”安全识别技术，运用了 OCR 识别和人脸识别，有效降低了客户欺诈风险。 2. 积极利用当地政府资源，开启了“互联网 + 政务服务 + 大数据”的战略，接入用户生活数据，丰富了银行贷款审批的数据维度。 3. 产品设计上，整合了互联网渠道和大数据系统，针对农户和企业推出了定制化信贷产品，在整体风险可控的情况下扩展了新业务模式。

资料来源：公开信息，零壹智库。

第三节　请把握好这五大关键点

一、打破“数据孤岛”，实现数据联通

商业银行积累的客户数据是比较庞大的，但由于缺乏共享机制和互联互通，这些数据分散在各个部门和业务条线中，未能得到有效整合，从而

导致各部门沟通成本较高，各部门积累的数据也难以发挥大数据的威力。[①] 同样，百度、阿里巴巴、腾讯等几大互联网巨头，以及众多网贷平台的数据也都以割裂的状态存在，“数据孤岛”现象十分普遍。比如有些投资人同时也是借款人，作为借款人留下的行为痕迹和数据，对整体了解这个人也是有帮助的，因此必须突破部门之间的数据壁垒，有效地整合来自内部各个业务条线的数据以及外部数据，才能获得完整的大数据信息视图。

二、升级基础架构，优化数据基础

大数据风控的基础是对海量的数据进行采集、存储、挖掘与分析，因此对计算机设备、系统提出了更高要求，商业银行必须对相关系统和基础设施进行改造升级，才能满足越来越高的系统要求。

而在数据基础方面，银行传统的风控模型主要采集和分析的是结构化的数据，比如通过银行线下、线上渠道搜集的大量客户数据，但大数据风控要求除了这些标准化的数据外，还需银行与电商平台、网贷机构、政府机关、快递公司等第三方机构合作，从此类渠道采集更多的客户行为数据，在此基础上进行深度的挖掘和分析，为信贷决策提供支持。这也意味着，商业银行必须搭建涵盖结构化、半结构化和非结构化等多样化数据的基础数据架构，才能充分发挥大数据技术的优势。

三、搭建复合型风控人才梯队

大数据风控除了对数据要求较高外，还对人才提出了新的要求，必须既掌握大数据分析和挖掘能力，又对业务有较强的理解能力，同时必须熟悉合规要求，此类复合型人才是金融机构智慧化转型和保持竞争力的关键，而这类人才无论是数量还是质量，都远远满足不了行业发展的需求。目前，商业银行多从互联网机构、电商企业等外部机构引入相关人才，自

---

① 闫炯智：《商业银行大数据风控还存在哪些短板》，《银行家》2018 年第 7 期，第 103—105 页。

身培养的人才数量较少、速度也较慢，这也要求商业银行必须重视自身大数据人才梯队的建设，从组织架构、用人机制、激励机制、培训体系等方面着力，逐步搭建一个成熟的复合型人才培养机制，才能在新一轮技术浪潮中拥有持续发展能力。

四、加强信息安全化建设，提高数据有效性

大数据可以清晰掌握每个客户的行为模式，有利于检测非法活动（如团伙欺诈）和提供个性化服务，但大量数据涉及客户隐私，难以划分界限，一旦信息泄露，客户与银行的声誉都将产生重大影响，甚至因银行经营的外部性而波及整个社会。此外，由于大数据风控多在线上运营，极易受到网络攻击，造成重大的数据或资金损失。[①]

因此，商业银行应加强信息安全化建设，保证客户数据的安全性，可建立相关信息安全管理、保密制度，加强内部风控员工管理和监督，以防范相关风险。

五、强化跨部门沟通和协作

大数据与风控相关部门与业务类部门的关联度是很大的，但往往两类部门之间的联动与了解不足，因此必须积极推动两类部门人员的互动，创造跨部门团队的接触、交流、协作机会，不断强化跨部门协作能力。

业务部门骨干可到大数据部门了解、学习大数据风控的流程、模型、逻辑和运作等，在了解的基础上提出更有针对性的业务需求。

业务部门各个不同职能部门的同事定期给大数据部门做业务分享会，让技术人员完全融入到业务场景中。

鼓励技术人员到业务一线走访，深入学习并搜集相关意见，持续迭代大数据风控产品和服务。

---

① 程建波：《大数据技术在风险控制领域的优势与挑战》，《清华金融评论》2017 年第 8 期，第 44—45 页。

图书在版编目（CIP）数据

金融大趋势：智慧金融实战指南 / 零壹财经·零壹智库著．—北京：东方出版社，2019.12

ISBN 978-7-5207-1271-2

Ⅰ．①金… Ⅱ．①零… Ⅲ．①互联网络—应用—金融 Ⅳ．① F830.49

中国版本图书馆 CIP 数据核字（2019）第 254828 号

金融大趋势：智慧金融实战指南

（JINRONG DAQUSHI: ZHIHUI JINRONG SHIZHAN ZHINAN ）

作　　者：零壹财经·零壹智库
责任编辑：陈丽娜　许正阳
出　　版：东方出版社
发　　行：人民东方出版传媒有限公司
地　　址：北京市朝阳区西坝河北里 51 号
邮　　编：100028
印　　刷：三河市金泰源印务有限公司
版　　次：2019 年 12 月第 1 版
印　　次：2019 年 12 月第 1 次印刷
印　　数：1—3500 册
开　　本：710 毫米 ×1000 毫米　1/16
印　　张：15.25
字　　数：197 千字
书　　号：ISBN 978-7-5207-1271-2
定　　价：59.80 元
发行电话：（010）85924663　85924644　85924641